Rolf H. Ruhleder

Verkaufen von A-Z

Die Ruhleder-Fibel

Rolf H. Ruhleder

Verkaufen von A–Z

Die Ruhleder-Fibel

Die Deutsche Bibliothek - CIP-Einheitsaufnahme

Ruhleder, Rolf H.:
Verkaufen von A – Z : die Ruhleder-Fibel / [Textill.: Rolf Schubert]. -
Offenbach : GABAL, 1998
ISBN 3-930799-74-X

Lektorat: Ute Flockenhaus, Fischerhude (b. Bremen)
Titelillustration: Udo Leuchtmann, Bremen
Cover: image team, Bremen
Satz und Layout: image team, Bremen
Textillustrationen: Rolf Schubert, Frankfurt/Main
Druck und Verarbeitung: Salzland Druck, Staßfurt

Verlagsinformationen:
Jünger Service, Schumannstr. 161, 63069 Offenbach
Tel.: 069 / 84 00 03-22 (-0)   Fax: 069 / 84 00 03-33

Inhaltsverzeichnis

Kontaktadresse:

Management Institut Ruhleder
Bismarckstraße 64
38667 Bad Harzburg

Tel.: (0 53 22) 20 45 - 46
Fax: (0 53 22) 20 47

Anfang
So eröffnen Sie Ihr Verkaufsgespräch –
2000 Möglichkeiten der Gesprächseröffnung

Abschlußsignale
So erkennen Sie und beeinflussen Sie Abschlußsignale Ihrer Kunden –
12 mögliche Anzeichen

Anfang
**So eröffnen Sie Ihr Verkaufsgespräch –
2000 Möglichkeiten der Gesprächseröffnung**

Kennen Sie diese 4 Eröffnungsvarianten für ein Verkaufsgespräch?

**Negative
Gesprächs-
eröffnung**

- ◼ *„Haben Sie heute Zeit für mich?"*
- ◼ *„Ich war gerade in der Gegend ..."*
- ◼ *„Dies ist bestimmt von besonderem Interesse für Sie ..."*
- ◼ *„Wie geht's ... ?"*

Sollten Sie eine dieser Varianten bei einem Stammkunden wählen, so mag dies vielleicht gerade noch angebracht sein; bei allen anderen potentiellen Kunden jedoch sollten Sie alle 4 Gesprächseröffnungen dringend meiden. Alle genannten Varianten sind aus der Sicht des Kunden negativ.

Gehen wir davon aus, daß die Begrüßung richtig vorgenommen wurde, z. B. in folgender Form: *„Guten Tag, Herr Schase, mein Name ist Adam von der Firma ..."* , dann haben Sie daran anschließend mit dem nachfolgenden Schema die Möglichkeit, das eigentliche Verkaufsgespräch mit 2000 Varianten zu eröffnen.

Stellen Sie besondere Eigenschaften Ihres Produktes dar, die der Kunde eventuell noch nicht kennt:

Das eigene Produkt

1. Einmaligkeit
2. Liefersituation
3. Verkaufsförderungsaktionen
4. Einsparungen
5. Verbesserungen am Produkt
6. Markenname
7. Neue Zielgruppe für das Produkt

8. Zusätzliche Eigenschaften
9. Werbemaßnahmen
10. Testergebnis.

Das Produkt des Kunden

Äußern Sie sich positiv über das Produkt oder die Dienstleistung des Kunden:

11. Zu neuen Produkten gratulieren
12. Positive Umsatzentwicklungen herausstellen
13. Qualitätsverbesserungen anerkennen
14. Preispolitik loben
15. Rabattsätze ansprechen
16. Preisgewinn würdigen
17. Gutes Testergebnis hervorheben
18. Bekannte Werbekampagne erwähnen
19. Bekanntheitsgrad herausstellen
20. Vorschläge und eigene Erfahrungen weitergeben.

Aktuelles aus dem eigenen Unternehmen

Beginnen Sie mit Neuigkeiten oder aktuellen Ereignissen aus Ihrem Unternehmen:

21. Den Servicegedanken herausstellen
22. Von der letzten Messe berichten
23. Firmenjubiläen erwähnen
24. Personelle Veränderungen mitteilen
25. Die positive Gesamtentwicklung unterstreichen
26. Die gute Zusammenarbeit beider Unternehmen betonen
27. Zum Tag der offenen Tür einladen
28. Von neuen Vertriebsideen berichten
29. Auf Presseveröffentlichungen über Ihr Unternehmen hinweisen
30. Die neue Gesamtkonzeption erläutern.

Sonstige allgemeine Themen

Der „Einstieg" über das Unternehmen des Kunden kann beinhalten:

31. Die Gesamt-Umsatzentwicklung des Unternehmens
32. Positive Presseberichte

33. Die gesamte Werbeaktion des Unternehmens
34. Ein Jubiläum
35. Eine neue Filiale
36. Politische Ereignisse (positive)
37. Fußballergebnisse
38. Wirtschaftliche Entwicklung, Export (regional)
39. Veränderungen in der Politik
40. Religiöse Aspekte.

Bitte beachten Sie, daß es sich hier zum Teil um „Tabu-themen" handelt. Sie sollten nur dann gewählt werden, wenn genaue Kenntnisse über den Kunden vorhanden sind.

Eröffnen Sie das Verkaufsgespräch aus der Situation her-aus, z. B.: **Situativer Einstieg**

41. Das Bild an der Wand
42. Der Firmenneubau
43. Die Karriere des Gesprächspartners
44. Die schöne Aussicht
45. Die ausliegende Lektüre
46. Die Büroeinrichtung
47. Der Golfschläger an der Wand
48. Das Wetter
49. Ein neues Auto
50. Der letzte Urlaub.

Diese 50 Varianten können alternativ in 4 rhetorischen Formen an den Kunden herangetragen werden: **4 rhetorische Alternativen**

- Als Frage
- Als Aussage/Ausruf
- Als Streicheleinheit/Vergleich mit anderen Persönlich-keiten
- Als Tip/Ratschlag für den Kunden.

Als Aufhänger beim Kunden wählen wir im folgenden Beispiel den Golfschläger an der Wand:

- Frage: *„Spielen Sie öfter Golf?"*
- Aussage/Ausruf: *„Eine originelle Idee, dieser Golf-schläger."*
- Streicheleinheit/Vergleich: *„Wußten Sie, daß Herr X auch kürzlich begonnen hat, Golf zu spielen?"* (Voraussetzung ist natürlich, daß der Kunde Herrn X besonders schätzt.)
- Tip/Ratschlag: *„Ich habe gehört, daß hier in der Umgebung ein hervorragender Golfplatz eingerichtet worden ist."*

Bisher haben Sie bereits 200 Einstiegsmöglichkeiten kennengelernt (5 Grundeinstiege mit je 10 Beispielen und 4 rhetorischen Varianten – 5 x 10 x 4 = 200). Diese lassen sich nun noch einmal variieren, indem man sie mit dem Ansprechen von Vorteilen koppelt (vgl. Seite 157). Dabei werden (Produkt-)Vorteile für den Kunden mit einer persönlichen Ansprache verbunden. Solche Vorteile lassen sich allein durch die Wahl entsprechender Verben (Tätigkeitswörter) herausstellen.

Dazu 10 Beispiele:

- ... gibt Ihnen ...
- ... schafft Ihnen ...
- ... bedeutet für Sie ...
- ... erhöht Ihren ...
- ... hilft Ihnen bei ...
- ... erspart Ihnen ...
- ... befähigt Sie zu ...
- ... ebnet Ihnen ...
- ... macht Sie zu ...
- ... fördert Ihr ...

Hierzu lassen sich, passend zu Ihrer Produktlinie, weitere Beispiele finden. Wenn Sie diese mit den bereits

15

beschriebenen 200 Einstiegsmöglichkeiten koppeln, verfügen Sie über mindestens 2000 Varianten, um Ihr Verkaufsgespräch gleich zu Beginn interessant zu gestalten.

Abschlußsignale

**So erkennen Sie und beeinflussen Sie
Abschlußsignale Ihrer Kunden –
12 mögliche Anzeichen**

Es gibt 12 Tips, wie Sie bestimmte Abschlußsignale des Kunden erkennen und beeinflussen können. Grundsätzlich können Sie zwischen nonverbalen (körpersprachlichen) und verbalen (sprachlichen) Aussagen unterscheiden.

Nonverbale Abschlußsignale des Kunden

1. Mehrmaliges zustimmendes Kopfnicken.
Wenn Sie selbst zwischendurch immer wieder mit dem Kopf nicken, führt das in den meisten Fällen zur gleichen Reaktion bei Ihrem Kunden.

2. Das Produkt wird in die Hand genommen.
Das erreichen Sie bei Ihrem Kunden, wenn Sie das Produkt immer näher in seine persönliche Zone (0,60 m bis 1,50 m) bringen.

Prospekte können ablenken

Achtung: Das gilt nicht für Prospekte. Hier sucht der Kunde Ablenkung und wird Ihnen nicht mehr mit ganzer Konzentration zuhören. Prospekte sollten möglichst erst am Ende des Verkaufsgespräches überreicht werden – es sei denn, Sie sprechen mit dem Kunden den Prospekt durch.

3. Oberkörper bewegt sich weit nach vorne.
Durch Bewegung Ihres Oberkörpers beeinflussen Sie unbewußt auch die Körperhaltung Ihres Kunden. Sitzen Sie öfter leicht vorgeneigt. Dies signalisiert Ihr Interesse am Kunden.

4. Durchbrechen der Distanzzone – der Kunde kommt Ihnen näher.

Sie überwinden die Distanzzone durch Gestik, durch Übergabe von persönlichen Geschenken oder, wenn das Verkaufsgespräch in Ihrem Hause stattfindet, durch persönliche Bewirtung.

5. Entspannung im Gesichtsausdruck.

Lockere Atmosphäre schaffen

Beeinflussen Sie den Gesprächspartner durch klare, aber auch durch humorvolle Äußerungen. Geschickte Motivationsfragen helfen ebenfalls, die Atmosphäre zu entspannen und eine Vorbereitung des Kaufabschlusses herbeizuführen.

6. Blick zur Uhr, Unterlagen werden geschlossen.

Natürlich ist der schnellste Weg zum Abschluß ein kurzes, effektives Verkaufsgespräch! Aber auch durch eigene Signale – wie z. B. Ordnen der Prospekte oder Schließen der Unterlagen – können Sie den Abschluß schneller herbeiführen.

Verbale Abschlußsignale des Kunden

7. Ein weiterer Gesprächspartner wird vom Kunden hinzugerufen.

Führen Sie das Gespräch durch Fragetechnik dahin, daß der Kunde einen Ihnen wohlgesonnenen Partner, zumeist den Verwender/Anwender des Produkts, dazuruft.

8. Eindeutige Informationsfragen. (Wieviel kostet das?)

Den Preis nicht zu Beginn nennen

Ihr gesamtes Verkaufsgespräch sollten Sie auf diese Frage ausrichten. Nennen Sie den Preis nicht zu Beginn, da Sie erst im Verlauf des Verkaufsgespräches ein Wertbewußtsein beim Kunden aufbauen können.

9. Frage nach Details. (Lieferzeiten, Reklamationen)

Diesen Fragenkatalog sorgfältig aufbauen. Bei Fragen nach Lieferzeiten oder eventuellen Problemen sollten Sie nicht sofort antworten. Vielleicht gibt der Kunde die Antwort auf diese Fragen im Verlauf des weiteren Gespräches selbst.

Manchmal beantwortet der Kunde seine Fragen selbst

10. Negative Äußerungen über den Wettbewerb.

Wichtig ist, daß Sie auf keinen Fall negativ über den Wettbewerb sprechen! Eine Abwertung eines Mitbewerbers Ihrerseits wird auf jeden Fall gegen Sie ausgelegt. Sprechen Sie – wenn es sich ergibt – neutral oder sogar positiv über den Wettbewerb.

11. Zustimmung und Interesse.

Auch hier sollten Sie die gezielte Fragetechnik (siehe Seite 57) sofort einsetzen, um den Abschluß zu erreichen.

12. Deutlicher Kaufwunsch.

Hier gilt es, sofort zu reagieren. Unterbrechen Sie das vorprogrammierte Verkaufsgespräch und nehmen Sie den Kaufwunsch sofort auf.

Schnelles Reagieren

Blackout
So verhalten Sie sich richtig – 11 + 1 Methode

Blackout
So verhalten Sie sich richtig – 11 + 1 Methoden

Wem ist es noch nicht passiert? Sie sind hochkonzen-
triert, es steht sehr viel Umsatz auf dem Spiel, und plötzlich verlieren Sie den roten Faden in Ihrem Gedankengang. Dies kann Ihnen in allen Phasen des Verkaufsgespräches passieren. Sollte es sich gar um die entscheidende Abschlußphase des Verkaufsgespräches handeln
und Sie finden keinen geschickten Übergang, wird das
Gespräch bestimmt nicht den erhofften Erfolg bringen.

Rekapitulieren

1. Fassen Sie zusammen!
Eine der besten und bekanntesten Methoden: Sie wiederholen Ihren vorhergehenden Gedankengang. Überschätzen Sie Ihren Gesprächspartner nicht, er wird Ihre
Schwächen in den seltensten Fällen registrieren. Wie oft
wären Einkäufer und Gesprächspartner dankbar, wenn
Sie sich den letzten Gedankengang noch einmal durch
eine Wiederholung verdeutlichen könnten!

Beispiele:
- *„Wichtig erscheint mir doch noch, daß ich auf die
  von Ihnen gewünschte Qualität ..."*
- *„Bezüglich Ihrer Lieferwünsche möchte ich nochmals
  betonen ..."*

2. Machen Sie sich Notizen!
Sie gewinnen Zeit und können über die letzte Aussage
im Verkaufsgespräch nachdenken, wenn Sie sich einen
Punkt notieren. Nicht umsonst spricht man im Verkauf
vom „pencil selling" (vgl. Seite 69). Es macht immer
einen guten Eindruck und wertet Ihren Kunden auf,
wenn Sie zwischendurch etwas schriftlich fixieren.

Zeit gewinnen

Beispiele:
- *„Darf ich mir noch vorab folgendes notieren ...?"*
- *„Das möchte ich mir aufschreiben, denn ..."*

3. Nehmen Sie einen Standortwechsel vor!

Standortwechsel Eine ideale Methode, wenn das Verkaufsgespräch in Ihren Räumlichkeiten stattfindet. Durch einen geschickten Standortwechsel aktivieren Sie den Kunden und überspielen Ihr Blackout geschickt.

Beispiele:
- *„Darf ich Ihnen in der Produktion folgendes zeigen ...?"*
- *„Was halten Sie davon, wenn wir zu Herrn Wirbel gehen, der zuständig ist für ...?"*

4. Rufen Sie einen Gesprächspartner hinzu!

Gesprächspartner hinzubitten Auch dies ist natürlich leichter zu begründen, wenn das Verkaufsgespräch in Ihren Räumen stattfindet. Es ist jedoch auch möglich – wenn es nicht zu unhöflich erscheint –, eine weitere Person aus dem Umfeld des Kunden zu befragen.

Beispiele:
- *„Darf ich hierzu noch Herrn Barb bitten, der sich intensiv mit Fragen der Forschung und Entwicklung befaßt hat?"*
- *„Besteht die Möglichkeit, daß uns Herr Anders die technischen Anforderungen vorgibt, damit wir ...?"*

5. Wechseln Sie den Themenblock!

Schwerpunkte verlagern Fangen Sie nicht an, über andere Produkte oder den Wettbewerb zu reden! Sie können jedoch innerhalb Ihres Verkaufsgespräches – insbesondere im Rahmen der fachlichen Argumentation – einen neuen Schwerpunkt setzen.

Beispiele:
- *„Wichtig ist für Sie, daß wir folgenden Punkt noch behandeln ..."*
- *„Ich habe Ihnen da einen Vorschlag zu unterbreiten ..."*

6. Machen Sie eine Pause!

Wenn der zeitliche Rahmen es zuläßt, können Sie eine kleine Kaffeepause anbieten, Getränke reichen oder eine Zigarettenpause vorschlagen.

Pause einlegen

Beispiele:
- *„Darf ich Ihnen einen Kaffee anbieten?"*
- *„Wie wäre es mit einer kurzen Pause? Danach möchte ich mit Ihnen ..."*

7. Stellen Sie Fragen!

Wer fragt, der führt, der gewinnt! Wer nicht weiterweiß, stellt ebenfalls Fragen.

Fragen stellen

Beispiele:
- *„Welche Fragen haben Sie noch zu unserem Produkt oder zu dem ...?"*
- *„Welche Möglichkeiten sehen Sie, um unser Produkt in Ihre Angebotspalette aufzunehmen?"*

8. Erzählen Sie eine Anekdote, einen Gag oder Witz!

Ein kleiner gelungener Witz zur richtigen Zeit hilft Ihnen aus der Verlegenheit und kann ein Verkaufsgespräch auflockern. Spätestens nach dem zweiten Witz sollten Sie sich allerdings überlegen, ob dieser noch angebracht ist.

Humor baut Brücken

Beispiele:
- *„Darf ich Ihnen folgende kleine Geschichte erzählen ...?"*
- *„Dazu fällt mir folgende Anekdote ein ..."*

9. Verschieben Sie den Gesprächspunkt!

Sie können auch auf spätere Themen im Verkaufsgespräch verweisen und den letzten Punkt zurückstellen.

Thema zurückstellen

Beispiele:

■ *„Lassen Sie mich diesen letzten Gedankengang noch zurückstellen. Ich möchte Ihnen jetzt ..."*

■ *„Bevor ich auf den eben genannten Punkt zurückkomme, möchte ich noch ..."*

10. Nutzen Sie Hilfsmittel!

Hilfsmittel Nehmen Sie Hilfsmittel, wie Prospekte, Zeigegeräte etc. zur Hand, und überspielen Sie die kurzfristige Unsicherheit durch eine Präsentation.

Beispiele:

■ *„Ich möchte Ihnen jetzt unseren neuen Prospekt vorlegen."*

■ *„Lassen Sie mich Ihnen die Vorteile unseres Produktes einmal aufzeigen ..."*

11. Setzen Sie das Telefon ein!

Der Griff zum Telefonhörer Auch das Telefon ist ein hervorragendes Mittel, um das unangenehme Gefühl des Blackouts zu überspielen. Dies geht natürlich – wie bei einigen zuvor genannten Punkten – leichter, wenn das Verkaufsgespräch in Ihrem Büro bzw. in Ihrem Unternehmen stattfindet.

Beispiele:

■ *„Ich möchte mich erkundigen, wie wir das Transportproblem lösen können."*

■ *„Ich möchte Herrn Meier bitten, uns noch Informationsmaterial zukommen zu lassen."*

11 + 1 Wenn gar nichts mehr geht ...

Sich sammeln Wenn Sie das Gefühle haben: „nichts geht mehr", sollten Sie vielleicht für einen Moment den Raum verlassen (Gang zur Toilette, Parkuhr weiterstellen etc.), um durchatmen und sich sammeln zu können.

▶ **Wichtig:**
Machen Sie möglichst selten darauf aufmerksam, daß Sie den Faden verloren haben. Gehen Sie davon aus, daß der Kunde Ihren Aussetzer gar nicht bemerkt hat.

Charisma
So gewinnen Sie Charisma – 13 Denkanstöße

Charisma
So gewinnen Sie Charisma – 13 Denkanstöße

Spitzenverkäufer zeichnen sich nicht nur durch hervorragende Leistungen aus. Wir erkennen Sie häufig an einer Reihe positiver Eigenschaften, die ihnen insgesamt eine charismatische Ausstrahlung verleihen. Hierzu gehören:

1. Aktives Zuhören
Jeder von uns meint, daß er der Mittelpunkt der Welt sei. Der Haken an der Sache ist, daß es inzwischen mehr als 6 Milliarden Mittelpunkte gibt! Aktives Zuhören ist – wie es heißt – „die bessere Hälfte der Kommunikation" und eine der entscheidenden Geheimwaffen, um heute im Verkauf gut bestehen zu können.

Die bessere Hälfte der Kommunikation

2. Gepflegtes Gesamtbild
Jeder Außendienstmitarbeiter sollte sich der Erwartungshaltung und dem Umfeld seiner Kunden anpassen. Ein Verkäufer in der Freizeitbranche sollte den Wünschen seiner Kunden ebenso Rechnung tragen (z. B. durch entsprechende Freizeitkleidung), wie der Verkaufsmanager im Hotel oder der Filialleiter einer Bank.

Dem Umfeld anpassen

3. Sicheres Auftreten
Es gibt eine Reihe von Verhaltensregeln, um in entscheidenden Situationen sicher zu wirken. Die wichtigsten drei Regeln, die jeder Verkäufer beachten sollte, sind:

■ Halten Sie Blickkontakt mit Ihrem Gesprächspartner.
■ Sprechen Sie laut und vernehmlich.
■ Machen Sie weite Armbewegungen.

3 wichtige Regeln

Wenn Sie diese drei Punkte beachten, strahlen Sie von Beginn an eine gewisse Sicherheit aus, die sich im Verlauf des Gesprächs meist noch weiter stabilisiert.

4. Fundierte Fachkenntnisse

Sie können noch so gut geschult sein und noch so viel Sympathie ausstrahlen, wenn Ihnen die Fachkenntnis fehlt, wird das jeder Kunde schnell bemerken: Sie werden wahrscheinlich nur sehr selten zum gewünschten Erfolg kommen.

5. Breitgefächerte Allgemeinbildung

Im Zeitalter der Informationsgesellschaft gewinnt der Faktor Wissen und Bildung einen immer höheren Stellenwert. Wir konkurrieren nicht mehr allein mit der Qualität unserer Produkte und Dienstleistungen, sondern auch mit der Qualität der Verkäufer. Ein breites Allgemeinwissen verschafft dem Verkäufer eine hohe Flexibilität im Gespräch und kann somit zu einer positiven Atmosphäre und letztlich zu einem positiven Verlauf der Verkaufsverhandlung beitragen.

6. Ideenreichtum und Flexibilität

Jeder Verkäufer muß heute nicht nur mit dem Kunden, sondern auch mit dem eigenen Unternehmen gute Kontakte halten. Hierzu gehört, daß er sein Gedankengut an das Unternehmen heranträgt und gezielte Hilfen gibt, damit Produkte weiterentwickelt werden oder auf den Kunden noch besser eingegangen werden kann. Flexibilität in Richtung des Kunden bedeutet nicht, daß er sich den Wünschen des Kunden bedingungslos anschließt, sondern daß er versucht, sie im Sinne seines Unternehmens umzusetzen.

7. Guter Informationsträger

Der Preis ist nicht das einzige, was den Kunden interessiert! Er braucht den Verkäufer auch als Informationsquelle, um sich von seinen Mitbewerbern abzuheben. Von besonderem Interesse für Einkäufer ist, wie die Produkte oder die Dienstleistungen seines Unternehmens beim Kunden ankommen. Gute Informationen helfen, eigene Produkte bzw. Dienstleistungen besser zu verkaufen.

8. Pünktlichkeit und Zuverlässigkeit

Diese Grundvoraussetzungen jeden Erfolgs bedürfen keiner weiterer Diskussion. Besonders zu beachten ist, daß wir uns an diese goldene Regel nicht nur bei potentiellen und schwierigen Kunden halten sollten. Auch der freundliche Stammkunde hat ein Anrecht auf Pünktlichkeit und Zuverlässigkeit.

Vertrauensbildend

9. Durchsetzungsvermögen und Zielstrebigkeit

Hierzu gehört, daß Sie die entsprechenden Regeln der Rhetorik und Verkaufsrhetorik beherrschen, um sich gegenüber Ihren Kunden besser durchsetzen und auch „verkaufen" zu können. Verkaufen heißt hier, den Kunden besser (und schneller) überzeugen zu können. Wichtig ist für Sie, die Regeln des Verkaufsgespräches genau zu kennen und eine gute Fragetechnik (vgl. Seite 54) einzusetzen.

Rhetorisches Können

10. Kontaktfreudigkeit

Jeder Verkäufer sollte danach streben, mit Hilfe der zuvor genannten Punkte den optimalen Kontakt zu seinen Kunden zu finden. Sie können ein noch so gutes Produkt und einen noch so günstigen Preis anbieten, wenn Sie Ihren Gesprächspartner – den Kunden – nicht als Menschen gewinnen, werden Sie selten erfolgreich sein. Nur wenn Sie vertrauenswürdig wirken und auf den Kunden zugehen können, haben Sie als Verkaufsmitarbeiter eine Chance. Scheue Verkäufer sind selten gute Verkäufer.

Den Kunden als Menschen gewinnen

11. Gute Sprechtechnik

Pflegen Sie keinen überzogenen Dialekt. Andererseits: Zwingen Sie sich nicht, reines Hochdeutsch zu sprechen, sondern behalten Sie – wenn vorhanden – Ihre mundartliche Färbung. Sprechen Sie eher zu langsam als zu schnell. Am Rande: Eine tiefe Stimme ist immer sympathischer als eine hohe. Kurze Sätze zwingen Sie dazu, am Ende des Satzes Ihre Stimme zu senken. Machen Sie öfter eine Pause. Pausen sind eine höchst effektive

Pausen gehören dazu!

Technik, um den Gesprächspartner aus der Reserve zu locken.

12. Positive Grundeinstellung

Innere Überzeugung Wir können nur gut verkaufen, wenn wir eine positive Einstellung haben. Nur wenn wir selbst innerlich überzeugt sind, können wir andere überzeugen. „In dir muß brennen, was du in anderen entzünden willst", ist eine wichtige Grundregel im Verkauf. Wenn aber nicht einmal der Verkäufer von seinem Produkt oder seiner Dienstleistung überzeugt ist, wie soll er dann überzeugend auf die Kunden wirken?

13. Gutes Benehmen

Einwandfreie Umgangsformen Etikette und Stil haben im ausklingenden zwanzigsten Jahrhundert enorm an Bedeutung gewonnen. Nur wer über einwandfreie Umgangsformen verfügt, wird auf Dauer ein erfolgreicher Verkäufer sein.

▶ **Wichtig: Auf die Einstellung kommt es an!**
Hierzu folgende Geschichte: Es geschah eines Tages, daß Aesop, der große Meister des Geschichtenerzählens, Athen verließ. Er traf einen Mann, der von Argos kam. Sie unterhielten sich. Der Mann von Argos fragte Aesop: „Du kommst von Athen. Erzähl mir bitte etwas über die Menschen in Athen. Was für Menschen sind die Athener, wie sind sie?" Aesop bat den Mann: „Erzähl du mir erst, wie die Menschen in Argos sind." Der Mann erwiderte: „Sie sind sehr gewalttätig, immer auf Streit aus, ekelhaft und ausgesprochen widerwärtig." Und während er dies sagte, zeigten sich all diese Eigenschaften auf seinem Gesicht. Aesop sagte: „Es tut mir leid, du wirst entdecken, daß die Menschen in Athen nicht anders sind."

Später traf er einen anderen Mann, der auch aus Argos war, und dieser stellte ihm die gleiche Frage: „Du kommst von Athen, und du hast dein ganzes Leben dort verbracht. Was für Menschen sind die Athener?" Und

Aesop bat wieder: „Erzähl du mir erst, wie die Menschen in Argos sind." Und der Mann wurde von Heimweh entflammt und liebevolle Erinnerungen stiegen in ihm auf. Seine Augen glänzten, und er sagte: „Sie sind sehr entgegenkommend, freundlich, lieb und gute Nachbarn." Aesop sagte: „Ich freue mich, dir mitteilen zu können, daß du in Athen genau die gleichen Menschen finden wirst."

Drei-Schritt-Argumentation
So argumentieren Sie kundenorientiert

Drei-Schritt-Argumentation
So argumentieren Sie kundenorientiert

Zusammen mit der Fragetechnik ist die Argumentation ein wesentlicher Punkt im Verkaufsgespräch. Nachdem Sie als Verkäufer durch geschicktes Fragen die Bedürfnisse und Wünsche des Kunden herausgefunden haben, gilt es, kundenorientiert zu argumentieren. Im Verkauf hat sich besonders die Drei-Schritt-Argumentation bewährt.

Vorteile der Drei-Schritt-Argumentation:
1. Sie argumentieren nicht mehr aus der Fülle des Gemüts, sondern auf Basis einer klaren Struktur.
2. Der Kunde steht im Mittelpunkt der Argumetation.
3. Sie bauen dem Kunden eine Brücke zwischen seinen Wünschen und dem Produkt.
4. Sie erzeugen im Kunden eine bejahende Haltung.

Vorteile der Methode

Die drei Schritte dieser Argumentationsmethode bestehen aus dem:
1. Kundenmotiv: *„Wenn Sie ..."*
2. Kundennutzen: *„... dann wollen Sie ..."*
3. Argument: *„Das bietet Ihnen unser Produkt."*
(Vgl. das Ansprechen von Vorteilen, Seite 157)

3 Schritte

Wichtig ist, daß Sie zwischen Kundennutzen und Argument eine Sprechpause einlegen. So geben Sie dem Kunden Zeit für eine bejahende Antwort („Ja", „Logisch!", „Natürlich!", „Na klar!", „Selbstredend!", „Selbstverständlich!").

Sprechpause einlegen

Beispiel:
„Wenn Sie ..., dann legen Sie doch Wert auf ..." „ Ja!"
„Das schaffen Sie bestimmt mit ..."

Kundenmotiv	Kundennutzen	Überein-stimmung/ Antwort	Kaufargument
„Wenn Sie sich einen neuen Farbfernseher kaufen,	*dann wollen Sie doch sicher ein verläßliches und erprobtes Marken-gerät haben?"*	*„Ja!"*	*„Dieses Modell bietet Ihnen beides, weil ..."*
„Wenn Sie sich ein neues Auto anschaffen,	*dann denken Sie gewiß auch an die Frage der Wertbe-ständigkeit?"*	*„Ja."*	*„Das gewährleistet Ihnen das Modell yx in hohem Maße! Sie wissen bestimmt, daß ..."*
„Wenn Sie eine Lebensversicherung abschließen,	*dann wollen Sie doch einen mög-lichst umfassenden Schutz für die Familie?"*	*„Ja."*	*„Das erreichen Sie am einfachsten mit folgender Kombination ..."*

„Um Erfolg zu haben, mußt du den Standpunkt des andern einnehmen, um die Dinge mit seinen Augen zu betrachten."

Henry Ford

Einwände
So begegnen Sie Einwänden richtig –
6 + 6 Grundregeln und Einwandarten

Einwandargumentation
So kontern Sie gekonnt – 12 Methoden

Etikette
So verkaufen Sie mit Stil – 8 Regeln für gute Umgangsformen

Einwände

**So begegnen Sie Einwänden richtig –
6 + 6 Grundregeln und Einwandarten**

Wann immer Sie verkaufen, müssen Sie mit Einwänden rechnen. Folgende Grundregeln sind bei der Behandlung von Einwänden zu beachten:

Grundregeln

1. Bleiben Sie ruhig und sachlich. Bringen Sie nicht schon durch Ihre Mimik, Gestik und Körperhaltung Ihren Unwillen über den Einwand zum Ausdruck (positive Grundeinstellung).

Reagieren Sie positiv

2. Lassen Sie den anderen unbedingt ausreden, und hören Sie ihm interessiert zu (aktives Zuhören).

Aktives Zuhören

3. Stellen Sie sofort eine Gegenfrage, um Zeit zu gewinnen, oder legen Sie eine Denkpause ein, bevor Sie antworten. Dies zeigt, daß Sie sich mit dem Einwand Ihres Kunden auseinandersetzen.

Gegenfrage oder Pause

4. Überlegen Sie, was der Kunde will. Handelt es sich um einen emotionalen oder rationalen Einwand? Emotionale Einwände werden Sie kaum rational entkräften können und rationale Einwände bestimmt nicht emotional!

Emotional oder rational?

5. Antworten Sie knapp und präzise. Versuchen Sie immer ruhig und sachlich zu sprechen und Ihre Emotionen unter Kontrolle zu halten.

Sachlichkeit

6. Schließen Sie jetzt eine Frage an, damit der Kunde antworten muß, denn:

Frage anschließen

> **Wer fragt – der führt – der gewinnt!**

6 Einwandarten Grundsätzlich sollten Sie die folgenden 6 Einwandarten kennen und entsprechend darauf reagieren können.

▶ **Wichtig:** Nehmen Sie alle 6 Einwandgruppen ernst. Hören Sie auf keinen Fall gleich ein Vorurteil oder einen Vorwand heraus. Behandeln Sie alle Einwände nüchtern und sachlich. Die Reaktion auf Einwände wird Ihnen somit leichter fallen.

1. Objektiv gerechtfertigte Einwände
Hier stellen Sie nach gründlicher Prüfung fest, daß der Kunde recht hat. Gleichen Sie den objektiv gerechtfertigten Nachteil durch entsprechende Vorteile aus, z. B. durch die Plus-Minus-Methode (vgl. Seite 41).

Praxistip:
Lassen Sie zwischendurch immer wieder einmal den Namen des Kunden einfließen. Nichts ist schöner als der Klang des eigenen Namens!

2. Subjektiv gerechtfertigte Einwände
Der Kunde hat recht Der Kunde hat von seiner Warte aus mit seinem Einwand recht. Geben Sie ihm zu verstehen, daß Sie mit seiner Argumentation einverstanden sind und dies aus seiner Sicht genauso beurteilen würden. Setzen Sie die Ja-aber-Methode ein nach dem Prinzip „akzeptieren und dann umkehren" (vgl. Seite 41).

Praxistip:
Sprechen Sie im Verkaufsgespräch nicht von Einwänden. Ersetzen Sie dieses Wort durch das Wort „Frage".

3. Durch Dritte geprägte Einwände
Vorurteile nicht verstärken Vorurteile und Klischeevorstellungen sind schwer zu bekämpfen! Hier bietet es sich an, zwischendurch einmal solche Minus-Punkte zu überhören. Zu oft und zu stark darauf einzugehen zeigt nur, daß eine gewisse Berechtigung besteht.

Praxistip:
Der Vorteil im Überhören von Vorurteilen liegt darin, daß der Kunde Luft abgelassen hat und danach eher zu einem entspannteren Gespräch bereit ist.

4. Vorwände und Ausreden
Der Kunde möchte, aus Gründen, die Sie zu erkennen glauben, nicht bei Ihnen kaufen. Beliebte Kunden- äußerungen sind: *„Ich will es mir noch einmal überlegen ..."* oder *„Darüber muß ich noch einmal schlafen"*.

Hintergrundinfor- mationen sammeln

Durch eine geschickte Fragetechnik erzeugen Sie nicht nur eine gute Vertrauensbasis, sondern Sie sammeln darüber hinaus mehr Hintergrundinformationen.

5. Unsachliche Einwände
Der Kunde versucht, Sie offensichtlich in die Enge zu treiben. Hier gilt es in erster Linie, die Nerven zu behalten. Folgende Anregungen können weiterhelfen:

Nerven bewahren

- Streiten Sie auf keinen Fall!
- Treffen Sie klare Feststellungen, doch korrigieren Sie den Kunden nicht.
- Stellen Sie unter Umständen den unsachlichen Einwand zurück!
- Übertreiben Sie scherzhaft, ohne zynisch zu klingen. Vielleicht merkt der Kunde dann, daß er hier überzogen hat!
- Überhören Sie einfach einen unsachlichen Einwand!

6. Geltungseinwände
Es handelt sich meist um einen arroganten Besserwisser, der sich lediglich wichtig machen will. Er belehrt Sie laufend während des Verkaufsgespräches. Beliebte Formulierungen sind: *„Wenn Sie mein Wissen hätten, dann ..."* oder *„Das können Sie doch gar nicht beurteilen ..."*

Großzügigkeit und Humor

Betrachten Sie die Äußerungen des Kunden als belebendes Element! Nehmen Sie es mit Humor! Seien Sie unbedingt großzügig! Geben Sie ruhig einmal in für Sie unwichtigen Fragen nach! Es macht sich gerade bei diesem Kundentyp besonders bezahlt.

Praxistip:
Geben Sie dem Kunden ruhig einmal ein Erfolgserlebnis. Noch immer gilt:

Nur der Kunde, der sich bestätigt fühlt, kauft.

Einwandargumentation
So kontern Sie gekonnt – 12 Methoden

1. Die Ja-aber-Methode
Es ist die meistgenutzte Methode. Deshalb sollten Sie diese in der üblichen Form selten verwenden. Gebrauchen Sie statt des Wortes „ja" eine andere rechtgebende Formulierung. Das Wort „aber" läßt sich ersetzen durch die Wörter „allerdings", „obwohl", „nur" oder „jedoch".

Vorsicht vor zu häufigem Gebrauch!

Beispiele:
- *„Ich gebe dies gern zu, nur ..."*
- *„Gewiß, allerdings ..."*

2. Die Plus-Minus-Methode
Dies ist eine Variante der Ja-aber-Methode. Geben Sie bei berechtigten Einwänden ruhig Nachteile zu. Stellen Sie jedoch die Vorteile und die für Sie positiven Eigenschaften besonders heraus.

Beispiele:
- *„Jawohl, diesen Fehler haben wir einkalkuliert. Bitte beachten Sie folgende drei Vorteile ..."*
- *„Dies ist selbstverständlich ein Nachteil, obwohl ..."*

3. Rückfrage-Methode
Die beliebteste Methode im Verkaufsgespräch, um Zeit zu gewinnen. Geben Sie den Einwand als Frage zurück. Damit erhalten Sie weitere Informationen zur Beantwortung des Einwandes. Sie werden feststellen, daß der Einwand in anderer oder abgeschwächter Form wiederholt wird. Oft wird der Kunde den Einwand selbst beantworten.

Zeitgewinn

41

Beispiele:
- *„Aus welchen Gründen können Sie meine bisherigen Ausführungen nicht akzeptieren?"*
- *„Wie meinen Sie das?"*

4. Die Vorwegnahme-Methode

Mit dieser Methode kommen Sie etwaigen Einwänden zuvor. Sie bauen den möglichen Vorwurf schon in Ihr Verkaufsgespräch ein.

Beispiele:
- *„Sie können nun meinen, daß ..."*
- *„Sie scheinen an diesen Fakten zu zweifeln, jedoch ..."*

5. Die Eisbrecher-Methode

Provokationen Wenn Sie das „eiserne Schweigen" Ihres Gesprächspartners brechen wollen, um dessen Einwände zu erfahren, so bleibt manchmal als letzter Ausweg nur die Provokation. Diese Methode sollten Sie jedoch nur in Ausnahmefällen anwenden, da sie insgesamt mehr Nachteile als Vorteile aufweist.

Beispiele:
- *„Haben Sie etwas zu meiner Darstellung gesagt?"*
- *„Warum sehen Sie das anders?"*

6. Die rhetorische Frage

Sie wiederholen den Einwand in Frageform oder formulieren ihn geschickt für Ihre Zwecke um. Die Antwort geben Sie danach selbst.

Beispiele:
- *„Damit stellen Sie eine interessante Frage, die Frage nach dem Preis-Leistungs-Verhältnis. Hierzu folgendes ..."*
- *„Die Frage nach Aufwand und Ertrag ist berechtigt und für Sie ..."*

7. Die Divisions- oder Multiplikations-Methode

Sie eignet sich ganz besonders bei Preisverhandlungen. Der Preis wird durch die Laufzeit, Menge etc. dividiert oder multipliziert.

Preisverhand-lungen

Beispiele:

■ *„Pro Seminarteilnehmer beträgt die Tagungspau-schale ..."*

■ *„Dieser Vorteil kostet Sie nur 10 DM täglich mehr ..."*

8. Die Umkehrungs-Methode

Geben Sie den Einwand an den Verhandlungspartner zurück. Stellen Sie den angesprochenen Nachteil als besonderen Vorteil heraus.

Nachteil = Vorteil

Beispiele:

■ *„Gerade weil wir etwas teurer sind ..."*

■ *„Das wäre richtig, wenn nicht auch der Vorteil für Sie ..."*

9. Die Öffnungs-Methode

Diese Methode hilft Ihnen, Einwände rechtzeitig zu erfahren und zu erkennen. In längeren Verkaufsgesprä-chen können Sie auf dieser Basis versuchen, Überein-stimmungen aufzubauen.

Beispiele:

■ *„Kann ich Ihr Schweigen als Zustimmung betrach-ten?"*

■ *„Gibt es außerdem noch einen Grund, warum Sie meinen Ausführungen nicht zustimmen können?"*

10. Die Rückstell-Methode

Sie wollen nicht sofort antworten. Wenn Sie Ihren Kunden besonders motivieren möchten, so notieren Sie sich den Einwand. Selbstverständlich können Sie diese Methode nur einige wenige Male einsetzen.

Nur bedingt einsetzbar

Beispiele:
- ■ *„Erlauben Sie, daß ich später darauf eingehe?"*
- ■ *„Darf ich Ihre Frage aufschreiben?"*

11. Die Ablenk-Methode
Wenn Sie zu dem Einwand nicht Stellung nehmen wollen (oder auch nicht können), so bringen Sie einen neuen Gesichtspunkt in das Verkaufsgespräch ein.

Beispiele:
- ■ *„Auf der anderen Seite sollten wir uns unbedingt mit folgenden wichtigen Gesichtspunkten befassen ..."*
- ■ *„Andererseits können Sie von folgender Überlegung ausgehen: ..."*

12. Die Offenbarungs-Methode
Bei hartnäckigen Partnern Sie ist die letzte Möglichkeit, um einen besonderes hartnäckigen Verhandlungspartner, der sämtliche Kaufargumente bereits abgelehnt hat, zu einem positiven Verkaufsgespräch zu führen.

Beispiele:
- ■ *„Unter welchen Umständen sehen Sie eine Möglichkeit, diesen Auftrag doch an uns zu geben?"*
- ■ *„Was muß ich tun, um ..."*

▶ **Wichtig:**
Einwände können grundsätzlich positiv betrachtet werden, da sie das Interesse des Kunden an Ihrem Produkt signalisieren. Nutzen Sie die Bereitschaft des Gesprächspartners, mit Ihnen zu sprechen, durch geschickte Einwandargumentation.

Etikette
So verkaufen Sie mit Stil –
8 Regeln für gute Umgangsformen

1. Kontaktaufnahme
Ein guter Kontakt zur Sekretärin ist die Einlaßkarte zum Kunden! Sie entscheidet, ob Sie einen Termin erhalten, wie Sie telefonisch angekündigt und von ihrem Chef behandelt werden.

Schlüsselfunktion der Sekretärin

Begrüßen Sie die Sekretärin höflich und freundlich. Finden Sie ein paar nette Worte, und fragen Sie nach dem Chef. Sollte die Sekretärin Sie nicht hineinführen, so klopfen Sie höflich an. Sie sollten erst dann das Zimmer des Chefs betreten, wenn Sie von ihm hereingebeten werden.

2. Entschuldigung
Entschuldigen Sie sich, wenn Sie zu spät kommen. Setzen Sie nicht voraus, daß der Chef weiß, weshalb Sie zu spät kommen und daß es sich nicht um eine Böswilligkeit handelt. Bitte bedenken Sie, daß von Ihrem Verhalten Rückschlüsse auf das Produkt gezogen werden. Sehr häufig wird Unpünktlichkeit mit Unzuverlässigkeit gleichgesetzt.

Verspätungen

3. Kleidung
Zur perfekten Etikette gehören auch Äußerlichkeiten wie die Kleidung. Sie brauchen als Verkäufer nicht dem neuesten Modekatalog entsprungen zu sein. Wichtig ist, daß Sie die Erwartungshaltung des Kunden erfüllen.

Nicht modisch, aber passend

Seien Sie farblich zurückhaltend. Weiße Socken zum Anzug sind unpassend und nur der Freizeitkleidung vorbehalten. Getreu dem Motto „nach unten immer dunkler werden", sollten Schuhe und Socken auf jeden Fall nicht heller als die Hose sein.

4. Handgruß

Wer wird initiativ? Ob per Handschlag gegrüßt wird, entscheidet der Ranghöhere oder auch Ältere bzw. die Dame. Es bietet sich an, bei einem Neukunden die Hand auf halber Höhe zu halten. Damit signalisieren Sie Ihrem Gegenüber, daß Sie ihn gerne mit Handschlag begrüßen möchten. Die Initiative geht jedoch immer von der anderen Seite aus!

5. Platzwahl

Warten oder fragen Bitte warten Sie, bis Ihnen ein Platz angeboten wird. Der Kunde wird Ihnen meist einen Platz zuweisen. Selbstverständlich dürfen Sie von sich aus fragen, wo Sie sich hinsetzen dürfen.

Falls Ihnen der angebotene Platz ungünstig erscheint, so fragen Sie Ihren Kunden nach einem anderen Sitzplatz. Verwenden Sie hierbei eine Ich-Botschaft, z. B. „Ich sehe Sie nur sehr schlecht. Darf ich mich bitte umsetzen?"

6. Distanzzonen

Distanzzonen einhalten Folgende Distanzzonen sind zu beachten:

Intimdistanz:	0 – 0,60 m
Persönliche Distanz:	0,60 – 1,50 m
Gesellschaftliche Distanz:	1,50 – 3,00 m
Ansprachedistanz:	ab 3,00 m.

In Verkaufsgesprächen ist die persönliche Distanzzone der Bereich, in dem wir uns bewegen sollten. Wenn Sie gedanklich den Arm immer ausgestreckt halten, laufen Sie nicht Gefahr, in die Intimzone Ihres Gegenübers einzudringen.

7. Aufstehen

Bei Damen immer! Betreten unbekannte Personen den Raum, gebietet es die Etikette, aufzustehen. Dies gilt insbesondere bei Damen, Älteren und Ranghöheren. Bleiben Sie solange stehen, bis der andere sich gesetzt hat und Ihnen ein Zeichen gibt, sich zu setzen.

8. Zeit

Stehen Sie unter Zeitdruck, dann finden Sie einen eleganten Ausstieg aus der Unterhaltung. Lassen Sie es den
Kunden nicht merken, wenn Sie tatsächlich auf die Uhr
schauen müssen.

**Dem Kunden
keinen Zeitdruck
signalisieren**

> **Höflichkeit ist ein Kapital, das den reicher macht,
> der es ausgibt.**

Fehler
So vermeiden Sie die häufigsten Fehler –
15 Punkte zum Nachdenken

Fragetechnik
So führen Sie das Verkaufsgespräch –
10 Fragearten

Fehler

**So vermeiden Sie die häufigsten Fehler –
15 Punkte zum Nachdenken**

1. Treffen Sie zu oft Feststellungen?

Damit wecken Sie beim Kunden Aggressionen und das führt automatisch zu Widersprüchen. Setzen Sie häufiger die Fragetechnik ein! Benutzen Sie öfter die „W-Fragen" (wie, wann, wer ...). Ersetzen Sie das Fragewort „warum" durch „aus welchen Gründen". Diese Formulierung läßt dem Kunden mehrere Möglichkeiten offen.

Fragen statt feststellen

2. Halten Sie keinen Blickkontakt zu Ihren Kunden?

Nach den Regeln der Körpersprache (Kinesik) signalisiert dies entweder Unsicherheit, oder Sie haben einen Hang zur Arroganz. Beides wirkt negativ auf den Kunden. Schauen Sie deshalb Ihren Gesprächspartner immer offen an! Wenn Sie selbst sprechen, können Sie Ihren Blickkontakt variieren. Wenn der Kunde das Wort hat, sollten Sie ihn in der Regel immer anschauen.

Blickkontakt halten

3. „Überfahren" Sie Ihre Kunden durch zu schnelles Sprechen?

Damit machen Sie den Kunden nervös! Sie vermitteln ihm das Gefühl, daß Sie schnell Ihre Argumente loswerden und Fragen aus dem Weg gehen wollen. Sprechen Sie also betont langsam und möglichst etwas tiefer. Stellen Sie Fragen, und geben Sie dem Kunden die Chance zum Dialog.

Führen Sie einen Dialog, keinen Monolog

4. Suchen Sie nach Ihren Arbeitsunterlagen?

Wie schlecht mögen erst die Produkte sein, wenn der Verkäufer noch nicht einmal sein Arbeitsmaterial griffbereit hat? Als Verkäufer repäsentieren Sie Ihr Unternehmen nach außen. Der Kunde wird also von dem Eindruck, den Sie vermitteln, auf die gesamte Leistung des

Unterlagen vor dem Gespräch checken

Unternehmens schließen. Ordnen Sie deshalb Ihre Arbeitsunterlagen stets griffbereit, *bevor* Sie in ein Verkaufsgespräch gehen.

5. Bauen Sie Ihre Verkaufsargumente unlogisch auf?

Logische Reihenfolge der Argumente
Der Kunde wird durch unlogische und nicht sachgerechte Argumentationsketten vom eigentlichen Verkaufsgespräch abgelenkt. Das Verkaufsgespräch dauert länger und wird an Effektivität verlieren.

Beachten Sie deshalb die Reihenfolge der Argumente im Verkaufsgespräch. Verwenden Sie am Beginn und am Ende Ihrer Argumentationskette ein möglichst starkes Kaufargument für den Kunden.

6. Setzen Sie den Bleistift (Pencil selling) als Verkaufshilfe zu wenig ein?

Der Mensch ist ein Augentier
Es ist gut möglich, daß Sie dadurch gegenüber Ihren Mitbewerbern verlieren, die vielleicht das „Verkaufen mit dem Bleistift" einsetzen.

Arbeiten Sie, wann immer es angebracht ist, mit Papier und Schreibstift. Die Gedächtnisleistung beim Kunden erhöht sich damit um mehr als das Doppelte. Verwenden Sie Symbole und Graphiken zur Visualisierung. Schreiben Sie zum Beispiel positive Zahlen größer als negative!

7. Sprechen Sie sehr oft von sich selbst und von Ihrem Unternehmen?

Kunden kaufen Nutzen
Das führt zu Desinteresse beim Kunden und kann eventuell zu einer frühzeitigen Beendigung des Gespräches führen. Beachten Sie deshalb, daß weder das, was Sie als Verkäufer, noch das, was Ihr Unternehmen leistet, für den Kunden wichtig ist. Von Bedeutung ist vielmehr, welchen Nutzen der Kunde durch Sie hat, welche Problemlösungen Sie ihm bieten können und welche Gewinnmöglichkeiten für ihn daraus resultieren. Achten

Sie dementsprechend auf Ihre Wortwahl, z. B. statt: „Unser Unternehmen ist Marktführer ..." besser „Sie erhalten Spitzenqualität ..."

8. Haben Sie einen zu kleinen Wortschatz?

Wenn Sie die gleichen Wörter zu oft wiederholen, tragen Sie damit nicht gerade zu einer Belebung des Verkaufsgespräches bei. Aktivieren Sie also Ihren Wortschatz! Ein Verkäufer sollte über einen persönlichen Wortschatz von 1.500 bis 4.000 Wörtern verfügen. Beachten Sie die Bandbreite! Erweitern Sie Ihren Wortschatz kontinuierlich durch Lesen und reges Diskutieren.

Wortschatz erweitern

9. Formulieren Sie zu viele Nebensätze?

Auf diese Weise überfordern Sie Ihren Kunden. Berücksichtigen Sie, daß er nicht die gleichen Produktkenntnisse hat, wie Sie selbst. Bei sehr vielen Nebensätzen kann leicht ein entscheidendes Argument untergehen. Formulieren Sie deshalb kurze Hauptsätze. Der Kunde wird es Ihnen danken.

Kurze Hauptsätze

10. Strahlt Ihre Körpersprache keine Überzeugungskraft aus?

Wenn Ihre Körpersprache im Widerspruch steht zu dem, was Sie mit Worten sagen, können Sie keine Glaubwürdigkeit ausstrahlen. Unterstreichen Sie Ihre Argumentation mit offenen und überzeugend wirkenden Gesten, die Ihrem Temperament entsprechen.

Einsatz von Gestik

11. Sind Sie bei Einwänden des Kunden häufig sprachlos?

Sie geben dem Kunden damit ein (unnötiges) Überlegenheitsgefühl, das sich zweifellos negativ auf den Verlauf des Verkaufsgespräches auswirken wird. Nutzen Sie die Methoden der Preisargumentation und der allgemeinen Einwandargumentation (vgl. Seite 109 und 49).

Einwandargumentation

51

Sicherlich nur
eine neue Pausentechnik
aus dem letzten
Verkaufsseminar!

12. Sind Sie ein Minus-Mensch?

Das Verkaufsgespräch läuft unter ungünstigen Bedingungen! Wenn Ihre Einstellung negativ ist, so wird das auch auf den Kunden ausstrahlen. Glauben Sie, daß Ihr Gespräch unter diesen Umständen erfolgreich verlaufen kann?

Positive Grundeinstellung

Wer mit Begeisterung lächelt, kann innerlich nicht traurig sein. Bringen Sie eine positive Grundeinstellung mit.

13. Vergessen Sie die Pausentechnik?

Es fehlt Ihnen die persönliche Beziehung zum Kunden. Die Wirkung ist ähnlich wie beim zu schnellen Sprechen. Der Kunde fühlt sich zum Statisten abgestempelt. Machen Sie bitte mehr Pausen nach Ihren Ausführungen. Die Pause ist eine der „schärfsten Waffen" im Verkaufsgespräch. Sie können selbst wortkarge Kunden zum Sprechen bringen, wenn Sie plötzlich eine Pause einlegen. Lernen Sie wieder, dem Kunden zuzuhören.

Pausen einlegen

14. Zerreden Sie den Verkaufsabschluß?

Das wird dazu führen, daß sich Ihr Kunde „mißhandelt" fühlt. Sie stehlen ihm seine und Ihre eigene Zeit. Die Verärgerung darüber kann den möglichen Abschluß sogar verhindern. Beachten Sie die vier Phasen des Verkaufsgespräches: Eröffnungsphase, Vertrauensphase, Fachphase und Abschlußphase. Kontrollieren Sie den Gesprächsverlauf: In welcher Phase befindet sich der Kunde?

Abschlußsignale beachten

Beschäftigen Sie sich mit der Körpersprache! Der Körper lügt nicht. Es gibt körpersprachliche Aussagen, die den Abschluß – oder aber auch das Ende – des Verkaufsgespräches signalisieren (vgl. Abschlußsignale, Seite 17).

15. Reagieren Sie negativ auf kritische Stellung-nahmen?

Umgang mit Kritik Wenn dies der Fall ist – überprüfen Sie sich bitte ganz genau –, so können Sie erst einmal alle 14 zuvor genannten Punkte dieser Checkliste außer acht lassen. Sie werden im Verkaufsgespräch kaum weiterkommen.

Arbeiten Sie an sich! Jeder Mensch kann noch dazuler-nen. Keiner sollte sagen: Nehmt mich so, wie ich bin.

Fragetechnik
So führen Sie das Verkaufsgespräch –
10 Fragearten

Grundsätzlich unterscheiden wir zwischen geschlossener und offener Frage. Bei der geschlossenen Frage wird der Gesprächspartner mit „ja" oder „nein" antworten. Die Frage beginnt immer mit einem Tätigkeitswort (Verb oder auch Hilfsverb), z. B.:

Geschlossene und offene Fragen

„Entspricht dieses Produkt Ihren Vorstellungen?"

Die offene Frage beginnt immer mit einem Fragewort, z. B.:

„Aus welchen Gründen interessiert Sie dieses Produkt?"

Selbst eine kurze Antwort wird meist aus einem vollständigen Satz bestehen, sofern der Gesprächspartner höflich ist. Es ist deshalb ratsam, möglichst offene Fragen zu stellen, weil der Gesprächspartner so detaillierte Auskünfte geben wird. Ausnahmen bilden redselige oder unentschlossene Kunden, die wir oft nur durch geschlossene Fragen im Verkaufsgespräch führen können.

1. Die Informationsfrage
Selbstverständlich wollen Sie mit jeder offenen und geschlossenen Frage eine Information erhalten. Diese Frageart zeichnet sich jedoch durch kurze und knappe Formulierungen aus. Die Informationsfrage sollte nicht mehr als acht Wörter umfassen. Sie wird den Hintergrund ausleuchten und Ihnen für Ihr Verkaufsgespräch entscheidende Informationen liefern.

Kurz und knapp

Beispiele:
- *„Wann können wir ...?"*
- *„Was halten Sie von unserem Produkt?"*

2. Die Alternativfrage

Zwei positive Varianten Geben Sie Ihrem Gesprächspartner nicht nur eine Möglichkeit, sondern zeigen Sie ihm zwei positive Varianten auf.

Statt:
„Wünschen Sie den Schrank mit zwei Türen?"
formulieren Sie besser:
„Wünschen Sie den Schrank mit zwei oder drei Türen?"

Es geht hier nicht mehr darum, ob der Kunde überhaupt ein Produkt von Ihnen kaufen möchte, sondern um die Art der Ausführung, den Zeitpunkt oder um die Menge.

3. Die Suggestivfrage

Manipulierende Frage Diese Frageform will den Gesprächspartner in eine Richtung drängen. An der wahren Meinung des Kunden sind Sie weniger interessiert. Deshalb sollte diese Frageform nicht sehr oft eingesetzt werden. Bei der Suggestivfrage verwenden Sie bestimmte Füllwörter wie „etwa", „doch", „nicht auch", „wohl" usw. in einer geschlossenen Frage.

Beispiel:
- *„Sind Sie nicht auch der Meinung, daß Sie durch dieses Produkt Ihren Umsatz entscheidend erhöhen werden?"*

4. Die Fangfrage

Indirektes Fragen Diese Frageart wird auch als indirekte Frage bezeichnet, da mit ihr erreicht werden soll, daß der Befragte ungewollt etwas preisgibt. Sie wird dann verwendet, wenn Sie die Antwort nicht direkt erfragen können.

Beispiel:
- *„Ihre Branche macht zur Zeit ja gewaltig Schlagzeilen. Ich hoffe, Ihr Unternehmen ist nicht von dieser Misere betroffen?"*

5. Die rhetorische Frage

Eine Frage, auf die Sie keine Antwort erwarten oder auf die keine Antwort nötig ist. Sie wird weniger im Verlauf des Verkaufsgespräches angewendet, kann aber mitunter als „Einstieg" zu Gesprächsbeginn hilfreich sein.

Ohne Erwartung einer Antwort

Beispiel:
- „Wer kennt nicht das Problem ... Wer hat nicht schon einmal ...″

6. Die Rück- oder Gegenfrage

Durch diese Frageform erhalten Sie Hintergrundinformationen bzw. eine Korrektur oder Erklärung zur vorausgegangenen Frage. Überdies gewinnen Sie Zeit, um sich Ihre Antwort zu überlegen.

Zeitgewinn und nähere Informationen

Beispiel:
- „Wie meinen Sie das ...?"

7. Die motivierende Frage

Sie regt den Gesprächspartner an, aus sich herauszugehen, sich zu „öffnen". Sie erzielen damit eine besonders positive Stimmung.

Positive Atmosphäre

Beispiel:
- „Was sagen Sie als Fachmann zu diesem neuen Produkt?"

8. Die provozierende Frage

Eine negative Form der motivierenden Frage, die nur der Vollständigkeit halber erwähnt wird. Sie wollen den Gesprächspartner herausfordern. Nur selten ist dies jedoch in einem Verkaufsgespräch angebracht (vgl. Seite 42).

Beispiel:
- „Warum haben Sie noch immer nicht unsere Produkte in Ihr Programm aufgenommen?"

9. Die Kontroll- oder Bestätigungsfrage

Häufig verwenden Es ist meist eine geschlossene Frage, mit der Sie das Interesse des Kunden überprüfen und eine Bestätigung Ihrer Meinung suchen. Sie erfahren gleichzeitig, ob Ihr Gesprächspartner Ihnen inhaltlich noch folgt. Diese Frageform ist im Verkaufsgespräch regelmäßig einzustreuen. Stimmt der Kunde zu, so ist dieser Gesprächspunkt für ihn abgeschlossen.

Beispiele:
- *„Stimmen Sie meinen Überlegungen zu?"*
- *„Haben Sie noch Fragen?"*

10. Die Ja-Fragen-Straße

Positives Gesprächsende Diese Methode sollten Sie am Ende eines Verkaufsgespräches einsetzen. Wenn Sie sich im Verlauf des Gesprächs Notizen gemacht haben, wird es Ihnen nicht schwerfallen, vier bis fünf zielgerichtete (geschlossene) Fragen an den Kunden zu stellen, die er aufgrund des bisher Gesagten nur mit „ja" beantworten kann. Schließen Sie die Fragekette mit einer suggestiven Feststellung.

Beispiele:
- *„Darf ich festhalten, daß Sie mit der bisherigen Lösung unzufrieden sind?" – „Ja."*
- *„Sie müssen jedoch expandieren, um mit dem Markt Schritt zu halten?" – „Ja."*
- *„Wie wir besprochen haben, entspricht unser Produkt Ihren Anforderungen." – „Ja."*
- *„Dann darf ich wohl davon ausgehen, daß wir handelseinig sind und zu einem positiven Abschluß kommen?" – „Ja."*

Diese Frageform wird genutzt, um den Kunden positiv auf die letzte Feststellung „einzustimmen", ohne daß er das Gefühl hat, überredet worden zu sein. Bei unentschlossenen Kunden werden Sie mit nahezu hundertprozentiger Wahrscheinlichkeit den gewünschten Verkaufserfolg erzielen.

Die Fragetechnik bietet folgende Vorteile:

1. Sie lenken das Gespräch in Ihre Richtung.
2. Sie geben die Führung nicht ab.
3. Sie zeigen dem Gesprächspartner das besondere Interesse an dem Verkaufsgespräch.
4. Sie bauen leichter Kaufmotive auf.
5. Sie gewinnen in unangenehmen Situationen Zeit.
6. Sie erkennen Gegenargumente schneller.
7. Sie können den Kunden geschickter korrigieren.
8. Sie motivieren den Kunden.
9. Sie gewinnen schneller ein Vertrauensverhältnis zum Gesprächspartner.
10. Sie haben es leichter, unsachlichen Äußerungen zu begegnen.

Gegenfragen
So gewinnen Sie Zeit und Informationen –
10 Methoden

Gesprächskiller
So ist Mißerfolg garantiert –
12 Blockaden im Verkaufsgespräch

Gegenfragen
So gewinnen Sie Zeit und Informationen – 10 Methoden

Die Gegenfrage nimmt im Verkaufsgespräch eine wichtige Sonderstellung ein. Vorteile der Gegenfrage sind:

Vorteile von Gegenfragen

■ Der Verkäufer gewinnt Zeit.
■ Der Kunde korrigiert oder verändert meist seine ursprüngliche Frage.
■ Der Kunde begründet sehr oft seine Ausgangsfrage, so daß sie nicht mehr von Ihnen beantwortet werden muß.
■ Der Verkäufer läuft nicht Gefahr, Argumente in der Antwort zu „verschießen", die der Kunde gar nicht hören wollte.
■ Der Verkäufer erhält Hintergrundinformationen, die ihm helfen, die Frage leichter zu beantworten.
■ Der Verkäufer gewinnt Sicherheit.

Ausgehend von den zwei folgenden exemplarischen Fragen lassen sich 10 Methoden der Gegenfrage darstellen:

(A) Kunde: *„Warum sind Ihre Produkte so teuer?"*
(B) Mitarbeiter: *„Was haben Sie gestern nachmittag gemacht?"*

1. Unschuldsmethode
Fragen Sie Ihren Gesprächspartner allgemein.

„Wie meinen Sie das?" (A und B)
„Wie kommen Sie gerade jetzt auf diese Frage?"
(A und B)

61

G Gegenfragen

2. Informationsmethode

Informationen erfragen

Erfragen Sie präzise Informationen.

„Womit vergleichen Sie diesen Preis?" (A)
„Aus welchen Gründen interessiert Sie das?" (B)

3. Positive Rückgabe

Fragen nach Begründungen

Geben Sie die gleiche Frage in höflichem Wortlaut zurück.

„Aus welchen Gründen sind denn auch Ihre Produkte in der gehoben Preisklasse angesiedelt?" (A)
„Was soll ich denn gestern nachmittag unternommen haben?" (B)

4. Negative Rückgabe

Stellen Sie die gleiche Frage, jedoch im negativen Wortlaut.

„Aus welchen Gründen sind Ihre Produkte nur in der unteren Preisklasse zu finden?" (A)
„Haben Sie denn gestern nachmittag nichts unternommen?" (B)

5. Definitionsmethode

Präzisierung

Lassen Sie den Gesprächspartner bestimmte Aussagen definieren und präzisieren.

„Was verstehen Sie unter zu teuer?" (A)
„Was heißt denn gestern nachmittag?" (B)

6. Verständnismethode

Wiederholung der Frage

Fragen Sie Ihren Gesprächspartner höflich.

„Wie bitte?" (A und B)
„Könnten Sie Ihre Frage noch einmal erläutern?" (A und B)

7. Alternativmethode

Bieten Sie Ihrem Gesprächspartner eine Alternative.

„Meinen Sie das Sortiment X oder das Sortiment Y?" (A)
„Meinen Sie nach dem Mittagessen oder nach 16.00 Uhr?" (B)

8. Gag-Methode

Wenn Sie sich nicht zu helfen wissen, fragen Sie Ihren Gesprächspartner mit einem leichten Augenzwinkern.

Mit Humor

„Können Sie mich nichts Leichteres fragen?" (B)

9. Rückstellmethode

Ein- oder zweimal im Gesprächsverlauf können Sie auch eine Frage zurückstellen. Danach müssen Sie unbedingt Stellung nehmen, da Sie sonst unglaubwürdig wirken.

Zeit gewinnen

„Darf ich darauf später eingehen ...?" (A und B)
„Können wir diese Frage noch einen Augenblick zurückstellen?" (A und B)

10. Mißverständnis-Methode

Eine der interessantesten Methoden: Sie verstehen die Ausgangsfrage absichtlich falsch. Diese Variante ist besonders bei unfairen Fragen – also seltener im Verkaufsgespräch – angebracht.

Bei unfairen Fragen

„Was hat das mit der letzten Lieferung zu tun?" (A)
„Weshalb haben Sie mich gestern nachmittag nicht angerufen?" (B)

Gesprächskiller
So ist Mißerfolg garantiert –
12 Blockaden im Verkaufsgespräch

Gehen wir davon aus, daß der Einkäufer die Höhe des Preises kritisiert: *„Dieses Produkt ist mir viel zu teuer."*

Folgende 12 mögliche Antwortvarianten sollten Sie unbedingt meiden:

1. Ich-Sätze

Besser: kundenorientierte Formulierungen

„Ich möchte Ihnen folgende Vorteile dieses Gerätes nennen ..."

Bewertung:
Sie haben hier den ersten Schritt zu einem negativen Verlauf des Verkaufsgesprächs unternommen. Verwenden Sie statt des „Ich-" den „Sie-Standpunkt", und gehen Sie konkret auf den Einwand „zu teuer" ein.

2. Verallgemeinerungen

Lassen Sie die Mitbewerber außen vor!

„Die Preiserhöhung ist auch von allen anderen Wettbewerbern vorgenommen worden."

Bewertung:
Vorsicht vor Verallgemeinerungen! Negative Äußerungen gegenüber den Wettbewerbern erzielen bestimmt nicht die gewünschte Wirkung – eher das Gegenteil ...

3. Phrasen

Floskeln vermeiden

„Qualität hat seinen Preis."

Bewertung:
Eine gewagte Floskel. Der Einkäufer muß seine Preise im eigenen Unternehmen vertreten und sehr oft verteidigen. Ebensowenig sollten Sie Modewörter einsetzen wie: „echt", „Spitze", „klasse" oder „kein Thema".

4. Ablenkung
„Wie finden Sie eigentlich die Oberfläche unseres Produktes?"

Nichts für versierte Einkäufer

Bewertung:
Eine gefährliche Methode! Jeder versierte Einkäufer erwartet natürlich eine präzise Antwort auf seine Feststellung bezüglich des hohen Preises. Jeder gute Einkäufer merkt, daß Sie ihn ablenken wollen.

5. Erhobener Zeigefinger
„Das müßten Sie doch eigentlich wissen, daß hier ..."

Den Kunden nicht belehren

Bewertung:
Eine sehr negative Methode. Sie bauen damit ein Lehrer-Schüler-Verhältnis auf. Doch wer möchte sich schon gerne in die Schüler-Rolle drängen lassen?

6. Humor
„Wenn Sie sich überlegen, was heute ein Panzer kostet, so ist doch unser Produkt ..."

Der Kunde will ernst genommen werden

Bewertung:
Dieser Satz ist überzogen! Ein ernstes Problem sollten Sie nicht bagatellisieren. Wer die Einwände seines Gesprächspartners nicht ernst nimmt, führt sein Verkaufsgespräch in eine Sackgasse.

7. Kritik
„Das sehen Sie falsch, Frau/Herr ..."

Besser: Ich-Formulierungen

Bewertung:
Alles was Sie jetzt sagen, wird Ihnen wenig nützen. Ihr Gesprächspartner fühlt sich angegriffen und wird auf Verteidigungskurs gehen. Besonders bei kritischen Bemerkungen sollten Sie darauf achten, nur Ihre Meinung zu äußern. Verwenden Sie Ich-Formulierungen (vgl. Seite 73).

8. Unterstützung durch Autoritäten

Vorsicht Glatteis! *„Dr. Meier kann Ihnen bestätigen, daß unser Produkt ..."*

Bewertung:
Ein sehr gefährliches Eis, auf das Sie sich begeben. Nur selten wird die Meinung anderer Persönlichkeiten von Einkäufern anerkannt. Wenn Sie es dennoch wagen wollen, sollten Sie sicher sein, daß die von Ihnen genannte Autorität von Ihrem Kunden akzeptiert wird.

9. Keine Zeit

Zeitdruck nicht offenbaren *„Ich möchte nun eigentlich zum Kern der Sache kommen ..."*

Bewertung:
Diese Aussage hat gleich drei negative Aspekte:
a) Sie wirkt belehrend.
b) Sie kann als Ablenkungsmanöver verstanden werden.
c) Sie offenbart, daß Sie in Zeitnot sind und schnell zum Abschluß kommen möchten.

10. Monologe

Langatmigkeit vermeiden *„Diese Frage nach dem zu hohen Preis ist nicht leicht zu beantworten. So haben wir in den letzten fünf Jahren ..."* – Ihre Ausführungen erstrecken sich über 10 Minuten.

Bewertung:
Der Einkäufer wird passiv, langweilt sich oder wird gar zornig, weil Sie ihm seine kostbare Zeit stehlen. Zudem kann er den Eindruck gewinnen, daß Sie sich rechtfertigen müssen.

11. Auf eingeschänkte Kompetenz hinweisen

„Das gehört nicht zu Ihren Aufgaben ..."

So macht man sich Feinde

Bewertung:
Selbst wenn diese Äußerung stimmt, so ist sie völlig fehl am Platz. Wer Ihnen nicht nützen kann, ist meist doch stark genug, Ihnen zu schaden!

12. Gegenfragen

„Womit vergleichen Sie den Preis?"

Bleiben Sie sachlich!

Bewertung:
Entscheidend ist hierbei der Tonfall. Achten Sie darauf, die Frage nicht abwertend oder gar arrogant klingen zu lassen.

Hilfsmittel

So verkaufen Sie mit dem Bleistift –
8 Anregungen

Hilfsmittel
**So verkaufen Sie mit dem Bleistift –
8 Anregungen**

Gute Verkäufer verkaufen von je her mit dem Bleistift
(„pencil selling"). Sie können Ihr Schreibgerät bei Ihren
Verkaufsverhandlungen gleich mehrfach gezielt einsetzen. Nachfolgend dazu einige Anregungen:

1. Das passende Schreibutensil.
Als Verkaufsleiter oder wichtiger Außendienstreprä-
sentant können Sie es sich nicht leisten, mit einem
Wegwerfartikel oder abgenutzten Kugelschreiber zu
arbeiten. Ordentliches Schreibgerät gehört zum Hand-
werkszeug eines jeden guten Verkäufers. Umgekehrt
beachten Sie jedoch bitte auch, daß Sie keine zu aufwendigen Schreibutensilien benutzen und sich dadurch
beim Kunden eventuell das Gefühl einschleicht, sein
eigenes im Schreibtisch verschwinden lassen zu müssen.
Er könnte Ihnen vielleicht auch unterstellen, daß Sie an
Ihren Kunden zu gut verdienen!

*Ordentliches, aber
nicht überkandidel-
tes Schreibgerät*

**2. Sie nutzen den Kugelschreiber, um sich Notizen
zu machen.**
Auf diese Weise fühlt sich Ihr Kunde von Ihnen wichtig
genommen – mehr, als Sie es mit Worten dokumentie-
ren könnten. Niemand wird begeistert sein, wenn Sie
das Verkaufsgespräch „aus der Fülle des Gemüts"
führen! Dies gilt natürlich vor allem für das Reklamationsgespräch. Hier wird der Einsatz des Kugelschreibers
oder Bleistifts notwendig, vor allem bei unfairen oder
überzogenen Angriffen. Sie werden feststellen, daß der
Kunde – sobald Sie sich Notizen machen – seine Formulierungen vorsichtiger wählt. Sie könnten ihm ja nach-
träglich beweisen, daß er zu Unrecht reklamiert hat!

*Geschriebenes ist
gewichtiger als
Gesagtes*

3. Sie haben Ihre Hände unter Kontrolle.

Innere Sicherheit Besonders in kritischen Situationen kann Ihnen ein Stift helfen, Ihre innere Unsicherheit zu überbrücken. Es ist immer beruhigend, wenn man in Streßsituationen etwas in der Hand hält, um seine Nervosität abzuleiten! Gleichzeitig bewirkt es, daß Sie Ihre Hände stets oberhalb der Tischkante halten. Nicht sichtbare Hände signalisieren dem Kunden ebenfalls sehr häufig Unsicherheit!

4. Das Schreibgerät als „Zeigestock".

Elegantere Gestik Sie können den Kugelschreiber oder Bleistift auch benutzen, um auf wichtige Fakten und Daten in Ihren Aufzeichnungen hinzuweisen. Dies sieht oft besser und eleganter aus, als wenn Sie es mit dem Finger tun.

5. Kreative Visualisierungen.

Ein Bild sagt mehr als tausend Worte Erfinden Sie für Ihre Verkaufsverhandlungen Diagramme, Bilder, Symbole, Schlagwörter, die Sie mit Hilfe von Papier und Stift in das Gespräch einfließen lassen. Unterstreichen Sie oder kreisen Sie wichtige Stellen in Ihren Aufzeichnungen ein. So zeigen Sie Ihrem Kunden, daß Sie ganz bei der Sache sind und seinen Ausführungen folgen. Heben Sie wichtige Stellen hervor, indem Sie unterschiedliche Schrifttypen oder Druckbuchstaben benutzen, farbig markieren oder bildhaft darstellen. Ein weiterer Tip: Vorteile größer, Nachteile etwas kleiner darstellen.

6. Das Schreibgerät als körpersprachliches Signal.

Gesprächsende andeuten Sie können durch das Einstecken Ihres Kugelschreibers andeuten, daß das Verkaufsgespräch dem Ende zu geht. Sie verschaffen sich so einen eleganten Ausstieg. Bedenken Sie jedoch, daß Sie nicht erst in der Abschlußphase des Verkaufsgesprächs Auftragsblock und Bleistift zücken! Dies verursacht häufig einen Bruch in der Verhandlung und kann zu Rückschlägen beim Verkaufsabschluß führen.

7. Das Schreibgerät als Geschenk.

Ein Kundengeschenk kann ebenfalls zum Gelingen Ihrer Verkaufsverhandlungen beitragen. Ein Kugelschreiber, den Ihr Kunde häufig benutzt, wird ihn immer wieder an Sie erinnern.

Einfaches, aber wirkungsvolles Werbemittel

8. Sie bringen sich in Erinnerung.

In Ausnahmefällen kann es angebracht sein, wenn Sie Ihr teures Schreibgerät absichtlich beim Kunden liegenlassen. Falls er sich daraufhin bei Ihnen meldet, haben Sie eine Zusatzchance, noch einmal bei ihm vorzusprechen.

Tricks sollten die Ausnahme bleiben

Ich-Botschaften

So kritisieren Sie richtig

Ich-Botschaften
So kritisieren Sie richtig

„Sie hätten mich doch anrufen können!"
oder
„Warum kommen Sie mit dieser Reklamation erst jetzt?"

Mit Vorwürfen können Sie keinen Kunden überzeugen oder zum Kauf bewegen. Das bedeutet nicht, daß Sie sich nicht kritisch mit Ihren Kunden unterhalten sollen. Achten Sie jedoch darauf, Ihre Kritik als Ich-Botschaften zu formulieren. Solche verdeckten Kritiken werden von Ihrem Gesprächspartner nicht als Vorwurf verstanden, sondern Sie signalisieren ihm: „Ich komme mit Ihrem Verhalten nicht klar, bitte erklären Sie es mir."

Ich-Botschaft statt Vorwurf

Beispiele:

Statt	Besser
„Das sollten Sie besser wissen."	*„Ich verstehe nicht ..."* oder *„Ich bin im Zweifel, ob ich Sie richtig verstanden habe."*
„Warum versuchen Sie es nicht mal?"	*„Ich habe folgende Idee ..."* oder *„Ich würde vorschlagen ..."*
„Das sollten Sie nicht tun!"	*„Ich bin irritiert über ..."* oder *„Ich mache mir Sorgen ..."*
„Sie sollten das tun."	*„Ich bitte Sie ..."* oder *„Es wäre für mich beruhigend ..."*

▶ **Wichtig:**
Ich-Botschaften setzen Sie ein, wenn Sie Kritik üben.

Den Sie-Standpunkt verwenden Sie, wenn Sie Gemeinsamkeiten finden und ein Wir-Gefühl beim Kunden erzeugen möchten.

Körpersprache
So können Sie Kunden besser einschätzen –
20 Körpersignale und ihre Bedeutung

Kundentypen
So behandeln Sie typische Kunden –
9 + 1 Tips und Typen

Körpersprache
So können Sie Kunden besser einschätzen –
20 Körpersignale und ihre Bedeutung

Die Lehre von der Körpersprache und Körperbewegung (Kinesik) kann Ihnen helfen, Ihre Gesprächspartner zukünftig besser einschätzen zu können – vorausgesetzt, Sie beachten folgende 6 Grundbedingungen:

6 Grundbedingungen

1. Es handelt sich um unbewußte Signale Ihres Gesprächspartners. Studieren Sie also genau, ob bestimmte körpersprachliche Aussagen nicht absichtlich eingesetzt werden.
2. Erst aus zwei Signalen, die in die gleiche Richtung weisen, läßt sich eine Bedeutung ableiten. Wir sprechen hier von „Bewegungstraube". Genausogut kann es sein, daß sich durch zwei entgegengesetzte Signale die gesamte Aussage aufhebt.
3. Es handelt sich nicht um eine persönliche Angewohnheit des Gesprächspartners.
4. Die Gesprächssituation weist eine gewisse Anspannung oder gar Streß auf, wie z. B. in Kritikgesprächen, Entscheidungsgesprächen, Vorträgen etc.
5. Die Signale sind nicht Folge körperlicher Leiden Ihres Gesprächspartners.
6. Die Aussagen gelten nur für den deutschsprachigen Raum.

Die nachfolgende Tabelle nennt exemplarisch 20 wichtige körpersprachliche Signale und ihre Bedeutungen. Ergänzen Sie die Liste entsprechend Ihren eigenen Erfahrungen und Beobachtungen.

20 wichtige Signale und ihre Bedeutung

75

Körpersprachliche Signale	Bedeutung
1. Stirn runzeln	Entrüstung
2. Augenbrauen heben	Ungläubigkeit oder Arroganz
3. Keinen Blickkontakt halten	Unsicherheit, Arroganz, Konzentration
4. Gesprächspartner mit geradem Blick anschauen	Interesse
5. Oberkörper weit nach vorne lehnen	Interesse, will unterbrechen
6. Oberkörper weit zurücklehnen	Desinteresse, Ablehnung
7. weite Armbewegungen	Sicherheit
8. enge Armbewegungen	Unsicherheit
9. Hand in der Hosentasche	Entspannung oder Arroganz
10. Finger an den Mund legen a) kurze Zeit b) längere Zeit	a) Verlegenheit, Unsicherheit b) Konzentration, Nachdenklichkeit
11. mit dem Stift spielen	Angst, Nervosität, Verkrampfung
12. mit den Fingern ein Spitzdach formen	Arroganz oder Einwände

13. Fingerkuppen aneinanderpressen	Präzision
14. Beine übereinanderschlagen a) zum Gesprächspartner hin b) vom Gesprächspartner weg	a) Aufbau eines Sympathiefeldes b) Ablehnung, Unwille
15. mit den Füßen wippen (im Stehen)	Arroganz, Sicherheit
16. Füße verschränken	Unsicherheit
17. Füße nach hinten (im Sitzen)	Ablehnung, auf dem Sprung sein
18. Jackett öffnen	Entspannung, Sicherheit
19. Brille hochschieben	Zeit gewinnen
20. Brille hastig abnehmen	Nervosität, Einwand

▶ **Wichtig:**
Ihre Körpersprache kann Ihnen helfen, mehr Sympathie beim Gesprächspartner zu erzeugen. Sie ist jedoch

- ▪ kein Patentrezept, um Ihren Gesprächspartner „durchschauen" zu können,
- ▪ keine Wunderwaffe, mit der Sie alles verkaufen können.

Kundentypen
So behandeln Sie typische Kunden –
9 + 1 Tips und Typen

Typ 1: Der Aggressive, Streitsüchtige

Seine Verhaltensweise:
Er ist meist schlecht gelaunt und wartet nur auf eine Schwäche des Verkäufers. Er provoziert mit Begeisterung und sonnt sich im Mißerfolg des Verkäufers. Er schweift auch sehr gern vom Thema ab und kommt auf sein Spezialgebiet zu sprechen, das er blendend beherrscht.

Behandlung:

Fragetechnik und Bestätigung Fassen Sie sich kurz! Vermeiden Sie Streitgespräche und Themen wie Sport, Religion, Parteien etc., es sei denn, Sie kennen Ihren Gesprächspartner ganz genau. Setzen Sie geschickt die Fragetechnik ein, und versuchen Sie, durch offene Motivationsfragen zu einem Ergebnis zu kommen. Hören Sie im aktiv zu, das heißt, nicken Sie zwischendurch mit dem Kopf, um ihm anzudeuten, daß Sie ihm folgen. Verwenden Sie häufig bestätigende Formulierungen, wie: *„Ja", „Das stimmt", „Sie meinen damit sicherlich ...", „Ich verstehe Sie sehr gut."*

Typ 2: Der Pedant, Paragraphenreiter

Seine Verhaltensweise:
Er umgibt sich mit einem Berg von Formularen und Papieren. Der Pedant braucht die Absicherung und lebt nur von schriftlichen Unterlagen. Sein Schreibtisch ist genau aufgeteilt: Jeder Vorgang und Füllhalter gehört an seinen Platz. Verbinden Sie einem Pedanten die Augen, und er wird mit traumhafter Sicherheit trotzdem alle Unterlagen finden!

78

Behandlung:
Geben Sie seinem „Trieb" nach Genauigkeit Nahrung. Verweisen Sie auf Gesetze, Normen und Vorschriften. Geben Sie ihm viel schriftliches Material und Prospekte an die Hand, damit er diese entweder seinem Vorgesetzten vorlegen oder später selbst nochmals nachprüfen und nachrechnen kann. Für ihn zählt schließlich nur, was er schwarz auf weiß besitzt.

Zahlen, Daten, Fakten und schriftliche Unterlagen

Typ 3: Der Alleswisser, Neunmalkluge

Seine Verhaltensweise:
Er hat auf alles eine Antwort parat bzw.: Er hat für alles eine Frage! Er ist ein Showman, der sich gerne in den Vordergrund drängt und teilweise auch tatsächlich ein glänzendes Fachwissen besitzt, welches er besonders gern gegen den Verkäufer ausspielt. Sich selbst wird er immer geschickt aus der Klemme ziehen. Dieser Kunde weiß alles, hört alles, sieht alles.

Behandlung:
Stellen Sie geschlossene Fragen, die er dann nur mit „ja", „nein" oder „vielleicht" beantworten kann. Versuchen Sie, Ihr Verkaufsgespräch möglichst abzukürzen. Wählen Sie keine Randthemen, denn auch hier wird er versuchen, Ihnen zu beweisen, daß er Ihnen weitaus überlegen ist.

Geschlossene Fragen, kurze Gespräche

Typ 4: Der Redselige, Schwätzer

Seine Verhaltensweise:
Er ist der Mittelpunkt der Welt! Er erzählt von Hinz und Kunz und macht sich gerne wichtig. Sein „Drang nach oben" ist nicht zu übersehen. Allerdings ist dieser Kundentyp oft harmloser als vermutet.

Behandlung:
Am Anfang unbedingt ausreden lassen! Dann geschlossene Fragen stellen, um ihn in seinem Redefluß zu stop-

Geduld und geschlossene Fragen

79

pen. Um das Gespräch nach Möglichkeit mit einem Verkaufsabschluß zu beenden, verwenden Sie die Ja-Fragen-Straße (vgl. Seite 58).

Typ 5: **Der Schüchtere, Scheue**

Seine Verhaltensweise:
Er würde sich am liebsten dafür entschuldigen, daß er auf die Welt gekommen ist. Er bedauert es sehr, in der Rolle des Einkäufers zu sein. Er ist leicht zu irritieren, insgesamt sehr zurückhaltend und wird oft rot.

Anerkennung, keine Alternativen anbieten

Behandlung:
Stellen Sie diesem Kunden leichte Motivationsfragen. Geben Sie ihm viele Erfolgserlebnisse und Streicheleinheiten. Zeigen Sie ihm Ihre Anerkennung. Bieten Sie ihm möglichst keine Alternativen, sondern versuchen Sie, ihm nur eine Lösung aufzuzeigen. Zwei Produkte oder Vorschläge könnten ihn zu stark verunsichern.

Typ 6: **Der Nörgler, Ablehnende**

Seine Verhaltensweise:
Er zeigt häufig offenes Desinteresse und bringt schon durch seine Mimik zum Ausdruck, was er von Ihnen hält. Sehr oft zieht er die Oberlippe hoch oder legt die Stirn in Falten. Der Nörgler läßt sich nicht gern in die Karten schauen und lehnt sämtliche gute Ideen des Verkäufers erst einmal ab.

Von eigenen Erfahrungen berichten lassen, Gemeinsamkeiten suchen

Behandlung:
Eine von vornherein ablehnende Haltung kann eine bewußte Taktik des Einkäufers sein, um gegenüber dem Verkäufer eine starke Position zu demonstrieren. Es liegt an Ihnen herauszufinden, ob dies wirklich seinem Wesen entspricht. Auf jeden Fall sollten Sie diesem Kundentyp viel Geduld entgegenbringen. Fordern Sie Beispiele aus seinem Bereich, und lassen Sie ihn von seinen Erfahrungen berichten. Verschaffen Sie ihm damit

Erfolgserlebnisse. Das hilft! Versuchen Sie auch, Gemeinsamkeiten und Interessen herauszufinden.

Typ 7: **Der Dickfellige, Behäbige**

Seine Verhaltensweisen: ·
Er langweilt sich zu Tode, weil ausgerechnet er zum Einkäufer ernannt oder „verbannt" wurde. Er geht mit der festen Absicht in das Verkaufsgespräch, kaum etwas zu sagen und auf gar keinen Fall etwas zu kaufen. Er ist wortkarg und schwer zugänglich. Oft ist er aber ein Gemütsmensch, dem der Ehrgeiz zum beruflichen Fortkommen fehlt und der dem Unternehmen schon die „innere Kündigung" ausgesprochen hat.

Behandlung:
Sprechen Sie ihn immer wieder auch mit Namen an, und setzen Sie gezielt die Fragetechnik ein. Versuchen Sie, diesen Kundentyp durch offene Motivationsfragen herauszufordern. Geben Sie ihm Streicheleinheiten und Erfolgserlebnisse! Sagen Sie ihm, daß sich bei dem Kauf auch für ihn Vorteile ergeben. So können Sie seinen Hang zur Bequemlichkeit nutzen und einen guten Abschluß tätigen.

Den Hang zu Bequemlichkeit nutzen

Typ 8: **Der Arrogante, Überhebliche**

Seine Verhaltensweisen:
Er steht über den Dingen: Nach seiner Meinung ist er eigentlich völlig falsch eingesetzt. Daß er hier in der Firma in der Einkaufsabteilung eingesetzt ist, findet er unter seiner Würde. Und das läßt der Arrogante auch sein Gegenüber, den Verkäufer, spüren. Mit negativen, spitzen Bemerkungen versucht er, den Verkäufer in die Enge zu treiben.

... ein schwaches Leistungs-angebot!
Ja, aber...
Sie haben völlig recht, allerdings, obwohl, jedoch, nur besonders schwach.
Rolf

Behandlung:
Setzen Sie die „Ja-aber-Technik" ein: *„Sie haben völlig recht, allerdings ..."* Diesem Menschentyp sollten Sie keine offenen Fragen stellen, weil er nur darauf wartet, sein Fachwissen gegen Sie auszuspielen. Gelingt ihm das, fühlt er sich erst recht überlegen und wird natürlich nichts mehr von Ihnen kaufen. Lassen Sie ihm deshalb zu Beginn des Gesprächs die Möglichkeit, seine Gedankengänge ausführlich zu erklären.

Ja-aber-Technik

Typ 9: Der Listige, Ausfrager

Seine Verhaltensweise:
Er wartet nur darauf, Ihnen Ihre persönlichen Grenzen aufzuzeigen. Überzogene Fragetechnik und rhetorisches Können weisen den listigen Kunden aus. Er hat sehr viele übereinstimmende Charakterzüge mit dem Überheblichen.

Behandlung:
Lassen Sie sich nicht aus der Ruhe bringen, und hören Sie aktiv zu. Deuten Sie ihm jedoch auch an, daß er nur bis zu einer gewissen Grenze mit Ihnen „spielen" kann. Auch dieser Kunde sucht bei Ihnen die Schmerzschwelle, um herauszufinden, wie weit er gehen darf. Geben Sie hier – ausnahmsweise – auch einmal ein klares Nein von sich.

Grenzen setzen

Typ 9 + 1: Der Gutmütige, Liebenswerte

Und es gibt sie doch ...
Gott sei Dank gibt es auch diesen Kunden! Und er ist nicht einmal so selten, wie Sie annehmen. Wenn Sie die Regeln und Tips dieses Buches beachten und einsetzen, wird mancher der oben genannten Kundentypen zu dem positiven und geschätzten Gegenüber, das Sie sich wünschen.

Lampenfieber
So überwinden Sie Lampenfieber –
10 entscheidende Tips

Liefertermin-Überschreitung
So argumentieren Sie schadensbegrenzend –
7 Methoden

Lampenfieber
**So überwinden Sie Lampenfieber –
10 entscheidende Tips**

Auch wenn Sie im Verkaufsgespräch Sicherheit ausstrahlen, so gibt es immer noch genügend Situationen, in denen Sie ein flaues Gefühl in der Magengegend verspüren. Hier helfen Ihnen 10 Tips zur Überwindung des Lampenfiebers:

Tip 1:
Machen Sie sich bewußt, daß Sie gut und ausreichend vorbereitet sind. Es ist hilfreich, sich mit der inneren Stimme immer wieder selbst zu bestätigen.

Selbstbestätigung

Tip 2:
Sehen Sie Ihren Kunden stets als fairen Gesprächspartner an, der Ihnen einen großen Auftrag erteilen wird (positives Denken).

Positives Denken

Tip 3:
Essen und trinken Sie nur mäßig. Dies ist besonders wichtig vor einem schwierigen Verkaufsgespräch. Die Verdauungstätigkeit ist anstrengend für den Organismus und schwächt Ihre Konzentration.

**Keine schweren
Mahlzeiten**

Tip 4:
Überprüfen Sie vor dem Verkaufsgespräch Ihre Kleidung.

Korrekte Kleidung

Tip 5:
Durch Atemübungen und autogenes Training können Sie sich auch kurz vor dem Termin entspannen.

Entspannungsübungen

Tip 6:
Falls irgend möglich, sollten Sie sich vorab mit den räumlichen Verhältnissen vertraut machen.

**Räumlichkeiten
begutachten**

Tip 7:

15 Minuten vorher gedanklich entspannen

In der letzten Viertelstunde vor einem sehr wichtigen Verkaufsgespräch sollten Sie sich nicht zu intensiv mit der eigentlichen Thematik auseinandersetzen.

Tip 8:

Ursachen herausfinden

Finden Sie heraus, aus welchen Gründen Sie Lampenfieber haben. So können Sie lernen, besser damit umzugehen.

Tip 9:

Den Kunden in den Mittelpunkt stellen

Stellen Sie stets den Kunden und seine Interessen, seinen Nutzen in den Vordergrund Ihrer Ausführungen.

Tip 10:

Innere Überzeugung

Denken Sie immer daran: „In dir muß brennen, was du in anderen entzünden willst." (Augustinus) Sie sollten daher innerlich von Ihrem Produkt überzeugt sein!

Liefertermin-Überschreitung
**So argumentieren Sie schadensbegrenzend –
7 Methoden**

Das Verkaufsgespräch „überschrittene Lieferzeiten"
durchläuft drei Phasen:

1. Phase: Begrüßungs- und Vertrauensphase
2. Phase: Fach- und Argumentationsphase
3. Phase: Abschlußphase.

1. Phase: Die Begrüßungs- und Vertrauensphase

Begrüßen Sie den Kunden aufmerksam und höflich. **Sicherheit**
Strahlen Sie Sicherheit aus. Das erreichen Sie durch: **ausstrahlen**
- guten Blickkontakt mit dem Kunden
- aufrechtes Stehen und gerade Sitzposition
- positive angemessene Gesten
- angenehme, nicht zu leise Sprechweise
- positive, der Situation angemessene Mimik.

Bauen Sie nach der Begrüßung ein Vertrauensverhältnis
auf.

2. Phase: Die Fach- und Argumentationsphase

Entschuldigen Sie sich, und zeigen Sie gleichzeitig, daß **Entschuldigung**
Ihnen diese Situation unangenehm ist. Wie heißt es in
einem Sprichwort: „Man kann sich nicht oft genug entschuldigen." Dabei ist Ehrlichkeit Grundvoraussetzung.
Nach der Entschuldigung stehen Ihnen für die eigentliche Argumentation 7 mögliche Ansätze zur Verfügung.

1. Versuchen Sie, Alternativen aufzuzeigen.

Wenn Sie ähnlich gelagerte Produkte – mit möglichst **Alternativen**
gleichen Qualitätsmerkmalen – in Ihrem Programm **anbieten**
haben, so ist dies wohl mit die beste Möglichkeit, dem
Kunden eine echte Alternative anzubieten. Überlegen
Sie sich jedoch vorher eine sachliche Rechtfertigung,
warum Sie dem Kunden dieses Alternativ-Produkt nicht

zum damaligen Kaufzeitpunkt angeboten haben. Hierzu könnten gehören: zum damaligen Zeitpunkt vorhandene Engpässe bei diesem Alternativ-Produkt oder auch die kurzfristige Verschiebung eines Exportauftrages, die eine bevorzugte Lieferung jetzt möglich macht.

2. Erhöhen Sie die Bestellmenge.

Bestellmenge erhöhen

Ein durchaus realistischer Vorschlag, der für viele Branchen anwendbar ist. Der Kunde sollte seine Vorausdisposition erhöhen und sich dem neuen Bedarfsrhythmus anpassen. Umgekehrt kann das eigene Unternehmen durch eine entsprechende Erhöhungen der Bestellmengen ebenfalls besser langfristig planen und kostengünstiger produzieren als bei Kleinmengen. So kann beiden Seiten geholfen werden.

3. Bitten Sie nochmals um Verständnis für die Lieferverspätung.

Begründungen liefern

Hier geht es nicht um die Entschuldigung wie zu Beginn dieser Phase. Begründen Sie die Liefertermin-Überschreitung für den Kunden nachvollziehbar. Hierzu könnte gehören, daß Sie von dem unerwarteten Auftragsboom nach der Wiedervereinigung und einem Umgewöhnungsprozeß wie auch von außergewöhnlichen Anstrengungen und Hilfen, die Sie für die frühere DDR geleistet haben, sprechen. Ebenso möglich ist es, mit dem Abbau sozialer Spannungen, die durch die Bevorzugung der Lieferung in den Ostteil Deutschlands aufgetreten sind, zu argumentieren.

4. Senden Sie Ich-Botschaften.

Persönliche Betroffenheit signalisieren

Dies führt beim Kunden zwar nicht zu einer Akzeptanz der nicht eingehaltenen Lieferzeit, kann aber Ihnen gegenüber Sympathien auslösen. Die Ich-Botschaften stehen unter dem Leitmotiv: „Ich brauche Ihre Hilfe!" Machen Sie Ihrem Einkäufer klar, daß die Lieferschwierigkeiten auch für Sie persönlich sehr unangenehm sind.

5. Sprechen Sie von Mißverständnissen und Problemen in Ihrem eigenen Unternehmen.

Hierzu gehört als Entschuldigungsgrund der Ausfall von Maschinen und erhöhter Krankenstand. Fehlendes Fachpersonal und nicht entsprechende Zulieferungen für die Produktion können ebenfalls ins Feld geführt werden. Übertreiben Sie aber nicht und bleiben Sie bei der Wahrheit, denn: „Man sage immer die Wahrheit, doch man sage die Wahrheit nicht immer."

Unternehmens-interne Ursachen

6. Bieten Sie verstärkte Betreuung an.

Betreuen Sie alle Unternehmen, in denen die Lieferzeiten überschritten worden sind, besonders intensiv. Erhöhen Sie Ihren Besuchsrhythmus. Geben Sie Ihrem Kunden die Sicherheit, daß er bei Ihnen in guten Händen ist. Auch häufiger geführte Telefongespräche und Anrufe durch Ihren Innendienst-Sachbearbeiter können dazu beitragen, daß das Vertrauensverhältnis in dieser schwierigen Phase nicht gestört wird. Schalten Sie bei besonders gravierenden Fällen auch die Marketing- oder Verkaufsleitung ein.

Intensive Kundenbetreuung

7. Können Sie durch Preiszugeständnisse das Problem für den Kunden erträglicher machen?

Valuta, gleiche Preise bei besserer Qualität oder geringe Preisnachlässe können ebenfalls – ein zweifelsohne letztes – Mittel sein, um den Kunden zufriedenzustellen. Dieses Mittel ist jedoch nur in absoluten Ausnahmesituationen angebracht, z. B. wenn der Kunde mit sofortiger Vertragskündigung droht.

Preis-zugeständnisse

3. Phase: Die Abschlußphase

In der Abschlußphase – und damit schließt sich der Kreis – sollten Sie sich nochmals entschuldigen. Denn das oberste Gesetz ist und bleibt die Fairneß gegenüber dem Kunden. Wenn wir entsprechend argumentiert haben, erhöhen sich die Chancen, den Kunden zu behalten und damit auch den nächsten Auftrag zu erhalten.

Abschließende Entschuldigung

Minuswörter
So vermeiden Sie negative Formulierungen –
15 „nette" Beispiele

Motive:
So nutzen Sie die Kaufmotive Ihrer Kunden –
8 Alternativen

Minuswörter

So vermeiden Sie negative Formulierungen –
15 „nette" Beispiele

Schon immer war es so, daß bei einem guten Verkäufer die Äußerlichkeiten mehr als 51% des Erfolges ausmachten und – maximal – 49% das Fachwissen. Hier haben sich in den letzten Jahren Verschiebungen ergeben. In dem großen Bereich der Äußerlichkeiten haben insbesondere Verkaufsrhetorik, Dialektik und Etikette einen höheren Stellenwert erlangt. Obwohl viele Verkäufer und Außendienstmitarbeiter sich intensiv im Bereich der äußerlichen Erfolgsfaktoren schulen lassen, verwenden Sie häufig noch Formulierungen, die negativ besetzt sind (Minuswörter). Wie negativ sie ankommen, sei anhand der Beispiele erläutert.

Negative Aussagen des Verkäufers	Der Kunde denkt folgendes	So ist es richtig
„Das geht nicht."	Da werde ich mal die Konkurrenz fragen.	*„Reicht es Ihnen, wenn ..."*
„Da haben Sie mich falsch verstanden."	Ich soll ein Trottel sein?	*„Da habe ich mich falsch ausgedrückt."*
„Das sehe ich völlig anders."	Ja, dann wollen wir mal ...	(Ersatzlos streichen!)
„Sie müssen folgendes ..."	Ich muß gar nichts!	*„Bitte beachten Sie ..."*
„Das meine ich nicht."	Da wäre ich ja nie drauf gekommen.	*„Ich meine ..."*
„Das ist doch logisch."	Was logisch ist – entscheide ich. Soll das heißen, daß ich unlogisch argumentiere?	*„Ich habe folgende Erkenntnis: ..."*

„Das gibt es doch gar nicht."	So ein Angeber, da werden wir mal den Wettbewerb fragen.	„Das kann ich mir nicht vorstellen; das ist für mich neu."
„Darauf kommt es nicht an."	Worauf denn?	(Ersatzlos streichen!)
„Das ist mir egal."	Mir auch.	„Bitte entscheiden Sie."
„Theoretisch haben Sie recht."	Das sagt der mir als Praktiker?	„Ich verstehe doch nicht, wie ..."
„Das entspricht nicht den Tatsachen."	Ich lüge?	„Das höre ich zum erstenmal."
„Ganz einfach!"	Mein Gott, bin ich dumm.	„Mein Lösungsvorschlag ist: ..."
„Trotzdem ..., dennoch ..."	Das ist ein Prinzipienreiter.	„Ich meine ..."
„Moment mal!"	Was soll das?	(Ersatzlos streichen!)
„Aber ..."	Will der mich korrigieren?	„Allerdings ..., obwohl ..., jedoch ..., nur ..."

Motive

So nutzen Sie die Kaufmotive Ihrer Kunden – 8 Alternativen

Als Verkäufer und Außendienstmitarbeiter gehen wir in den meisten Fällen davon aus, daß der Kunde nur den Gewinn – also seinen finanziellen Vorteil – vor Augen hat. Richtig ist, daß dieses Motiv natürlich eine entscheidende Rolle spielt. Doch jeder Kunde hat weitere Beweggründe, warum er gerade Ihr Produkt oder Ihre Dienstleistung kauft. Neben dem finanziellen Vorteil finden Sie im folgenden die 7 häufigsten Alternativen.

1. Motiv: Finanzieller Vorteil

Natürlich ein gewichtiger Aspekt, der nicht umsonst an erster Stelle genannt wird. Der Kunde möchte in jedem Fall einen Gewinn mit Ihrem Produkt erzielen. Dabei stellt auch ein günstiger Einkaufspreis für ihn einen finanziellen Vorteil dar.

Gewinn erzielen

2. Motiv: Bequemlichkeit

Der Kunde kauft bei Ihnen, weil das Produkt
- ■ besondere Eigenschaften (Einmaligkeit) aufweist oder
- ■ bequem zu kaufen oder zu verkaufen ist.

3. Motiv: Prestige, Image

Wie viele Produkte werden gekauft, weil man ein gewisses Prestige, ein höheres Image mit dem Produkt verbindet? Schauen Sie sich Ihren Gesprächspartner an. Hat er keine Statussymbole, die seine „Stellung" verraten? Vielleicht läßt sich über dieses Motiv ein zusätzliches Verkaufsargument für Ihre Dienstleistungen/Produkte entwickeln.

Achten Sie auf die Statussymbole Ihres Kunden

4. Motiv: Drang nach Neuem

"Pionier-Käufer" Gibt es nicht auch in Ihrem Kundenkreis – wie auch in Ihrem Bekanntenkreis – Personen, die immer auf dem neuesten Stand sein wollen? Man spricht im Verkauf von "Pionier-Käufern", die grundsätzlich nur an Marktneuheiten interessiert sind. Der Preis spielt für diese Käufergruppe nur eine untergeordnete Rolle. In die gleiche Kategorie fällt auch die "entdeckungsfreudige" Käufergruppe.

5. Motiv: Mitgefühl

Nicht im professionellen Verkauf Dieses Motiv gibt es im Verkauf nur bei speziellen Vertriebsformen wie dem "Tür-zu-Tür-Verkauf". Hier wird sehr oft auf das Mitleid des Kunden spekuliert. Im professionellen Verkauf können wir dieses Verkaufsmotiv vernachlässigen.

6. Motiv: Gesundheit

Körperliche und seelische Gesundheit Zum einen kann ein Produkt für den Kunden zu "körperlichem Wohlbefinden" beitragen. Im übertragenen Sinn meint dieses Motiv jedoch auch, sich durch ein gutes Produkt Reklamationen und damit Ärger und Gallensteine ersparen zu wollen.

7. Motiv: Sicherheit

Starkes Kaufmotiv Der Kunde kauft mit Ihrem Produkt auch Sicherheit. Er kann sich auf Sie und das Produkt verlassen. Das beginnt mit der Qualität und reicht über die Einhaltung der Lieferzeit bis hin zur Reklamationsbehandlung. Ein starkes Kaufargument für viele Kunden!

8. Motiv: Tradition

Produkttreue Auch aus traditionellen Gesichtspunkten wird oft ein Produkt gekauft. Wenn man sich einmal entschieden hat, bleibt man sehr oft diesem Produkt treu. Das Motiv Bequemlichkeit spielt hierbei ebenfalls eine Rolle. Für viele Unternehmen hat das Stammkunden-Geschäft oberste Priorität.

„Menschenkenner haben immer gewußt, daß man den Leuten eine teure Sache leichter verkaufen kann."

William Sommerset Maugham

Neukunden:
So knüpfen Sie erste persönliche Kontakte –
10 „Türöffner"

Neukunden

So knüpfen Sie erste persönliche Kontakte – 10 „Türöffner"

1. Referenz-Methode

Eine der elegantesten – und einfachsten – Methoden, um einen Neukunden zu gewinnen: Sie haben eine Empfehlung oder ein Referenzschreiben, das von Ihrem Gegenüber akzeptiert wird. Erkundigen Sie sich jedoch vorher eingehend über das Verhältnis zwischen Referenzgeber und potentiellem Kunden.

Einfach und elegant

2. Einladungs-Methode

Wenn Sie Ihrem Gesprächspartner eine Messekarte überreichen oder ihn zu einer Betriebsbesichtigung einladen können, so ist das eine gute Möglichkeit, um ins Gespräch zu kommen.

Messe, Betriebsbesichtigung

3. Neuigkeiten-Methode

Haben Sie für den Kunden eine wirkliche Neuigkeit? Das ist natürlich eine einmalige Chance, um selbst schwierige Gesprächspartner von Ihrem neuen Produkt zu überzeugen. Vielleicht ist es auch der Einstieg, um dann weitere Produkte Ihrer Palette zu verkaufen.

Wertvolle Informationen

4. PR-Methode

Nutzen Sie eine PR- oder Werbemeldung über den potentiellen Kunden, um das Gespräch zu beginnen. Sie werden feststellen, daß diese Methode ihre Wirkung selten verfehlt. Auch redaktionelle Pressemeldungen über das neu zu gewinnende Unternehmen können einen hervorragenden Ansatzpunkt für das erste Verkaufsgespräch bieten.

Pressemeldungen als Aufhänger

5. Sie-Methode

Beginnen Sie mit etwas Positivem, das Sie über den Kunden erfahren haben. Sprechen Sie die Hobbys und

Persönliche Belange ansprechen

Interessen des potentiellen Kunden an. Voraussetzung dafür ist, daß Sie im Vorfeld stichhaltige Informationen diesbezüglich einholen konnten.

6. Angebots-Methode

Verbesserte Offerte

Unterbreiten Sie dem Kunden eine verbesserte Offerte, die seinen Wünschen entspricht oder zumindest sehr nahe kommt. Auf diese Weise hat sich schon so mancher „Nein-Sager" zum treuen Dauerkunden entwickelt.

7. Organisations- und Analyse-Methode

Zusatzleistungen

Auch Organisations- und Fertigungsanalysen – als zusätzliche Dienstleistung angeboten – geben Ihnen die Möglichkeit, einen bestimmten neuen Kundenkreis für sich zu gewinnen.

8. Aktions-Methode

Marketing-Aktionen nutzen

Nutzen Sie auch die Sonderaktionen und zeitlich begrenzte Preisnachlässe Ihres Unternehmens, um diese einmaligen Gelegenheiten dem potentiellen Kunden anzubieten.

9. Verbesserungs-Methode

Vorteile herausstellen

Überlegen Sie sich, welche Verbesserungsvorschläge Sie Ihrem zukünftigen Kunden unterbreiten können. Vielleicht ist Ihr neuer Vorschlag besser als die bisherigen Lösungen des Wettbewerbs!

10. „Neuer Mann"-Methode

Nur für gewisse Zeit

Dies ist natürlich ein besonders leichter Ansatz, um zu einem ersten Gespräch bei einem potentiellen Kunden zu kommen. Selbstverständlich können Sie sich nur über einen gewissen Zeitraum in einem Gebiet als „Neuer" vorstellen.

Die entscheidenden Erfolgsfaktoren im
Verkaufsgespräch: Glaubwürdigkeit und
Vertrauen herstellen.

Organisation
So erhöhen Sie die Effizienz
Ihres Verkaufsgesprächs –
11 Faktoren

Organisation
So erhöhen Sie die Effizienz Ihres Verkaufsgesprächs – 11 Faktoren

1. Wie gut ist meine Vorbereitung?

Die Vorbereitung eines Kundengesprächs bleibt einer der Grundpfeiler zum Verkaufserfolg. Überprüfen Sie Ihre Kundenkartei im einzelnen. Haben Sie sämtliche Punkte berücksichtigt, die eine moderne Kundenkartei verlangt? Auch optimale Formulare und Checklisten sind eine wichtige Voraussetzung des Verkaufsgespräches. Die fundierte Vorbereitung ist eine entscheidende Hilfe im Verkaufsgespräch, um Zeit zu gewinnen.

Grundpfeiler für den Erfolg

2. Bin ich besser informiert über den Kunden und den Wettbewerb als meine Kollegen?

Haben Sie wirklich alles getan, um der „Beste" zu sein? Nützliche Tips über die Branche, eigene und fremde Produkte sind wertvolle Informationen für Ihren Kunden. Auch er muß ja intern verkaufen, warum er gerade Ihrem Produkt den Vorzug gibt. Unterstützen Sie den Einkäufer hierbei tatkräftig.

Informationsvorsprünge

3. Besuche ich alle meine Kunden im gleichen Rhythmus?

Wichtig ist, daß Sie den Kundenkreis in A-, B- und C-Kunden unterteilen:

Besuchsrhythmus

- A-Kunden sind Kunden, mit denen Sie die höchsten Umsätze erzielen (= Spitzenkunden).
- B-Kunden sind Kunden, mit denen Sie die üblichen Umsätze erzielen.
- C-Kunden sind Kunden, mit denen Sie nur sporadische oder kleinere Umsätze erzielen.

Sie können Ihren Kundenstamm entsprechend der jeweiligen Jahresumsatzleistungen klassifizieren, z. B.:

- A-Kunden = Kunden mit DM 500 000 Umsatz/Jahr
- B-Kunden = Kunden mit DM 100 000 Umsatz/Jahr
- C-Kunden = Kunden mit weniger als DM 100 000 Umsatz/Jahr.

Überprüfen Sie einmal, ob Sie allen Kunden die gleiche Zeit widmen. Vielleicht sind Sie zu oft bei C-Kunden, statt mit einem A-Kunden ein weiteres zusätzliches Geschäft zu vereinbaren? Behalten Sie aber auch die C-Kunden im Auge, denn wie schnell kann ein C-Kunde zum B- oder sogar A-Kunden werden!

> **Ein Verkäufer muß wie ein Gärtner zunächst den Boden bearbeiten, dann die Pflanzen pflegen, um letztendlich eine reiche Ernte zu erhalten.**

4. Setze ich Schwerpunkte im Verkaufsgespräch?

Schwerpunkte setzen statt Verzettelung

Wer vieles bringt, wird jedem etwas bringen!? Für ein effektiv geführtes Verkaufsgespräch trifft dies keinesfalls zu. Überlegen Sie sich vorher, was Sie dem Kunden anbieten wollen. Wenn Sie Ihre gesamte Produktpalette offerieren, verzetteln Sie sich womöglich und verunsichern den Kunden.

5. Kenne ich die Regeln moderner Verkaufstechnik?

Kunden-orientierung

Ein unerläßliches Element moderner Verkaufstechnik ist, den Kunden in den Mittelpunkt aller Bemühungen zu stellen. Wenn Sie zuhören können und den Kunden möglichst selten unterbrechen, verschaffen Sie sich seine Sympathie und erzielen letztlich nicht nur einen Verkaufserfolg, sondern gewinnen auch viel Zeit.

6. Setze ich die Fragetechnik ein?

Schlüssel zum Verkaufserfolg

Nicht umsonst bezeichnet man die Fragetechnik (vgl. Seite 55) als den „Schlüssel zum Verkaufserfolg". Um die Effektivität des Verkaufsgesprächs zu erhöhen und

Zeit zu gewinnen, können Sie bei redseligen Kunden verstärkt die geschlossene Frageform („Haben Sie ...", „Werden Sie ...", „Gefällt Ihnen ...") einsetzen. Durch den geschickten Einsatz der 10 verschiedenen Fragearten führen Sie jeden Kunden wieder zum ursprünglichen Thema zurück.

7. Kenne ich die verschiedenen Kundentypen?

Überprüfen Sie einmal, inwieweit Ihr Verkaufsgespräch inzwischen schon standardisiert ist und immer nach dem gleichen Schema abläuft. Einem störrischen Nörgler können Sie im Verkaufsgespräch nicht mit den gleichen Verkaufstechniken begegnen wie einem schüchternen, schweigsamen Kunden (vgl. Seite 78).

Gesprächsführung auf Kundentyp abstimmen

8. Wie ist der Start meines Verkaufsgespräches?

Je stärker Sie beginnen, um so besser liegen Sie im Rennen. Oder: Der erste Eindruck im Verkaufsgespräch ist entscheidend, und der letzte Eindruck bleibt! Stellen Sie gleich zu Beginn Gemeinsamkeiten heraus, die den Kunden in den Mittelpunkt rücken. Auch ein Einkäufer hat in seinem Unternehmen meist mehr Kritik zu ertragen, als daß er mit Lob überhäuft wird. Haben Sie ihn an der richtigen Stelle einmal gelobt, so wird er später einer abkürzenden Frage oder einer kritischen Stellungnahme nicht soviel Gewicht beimessen. Nur der Einkäufer, der sich bestätigt fühlt, wird letztlich auch bei Ihnen kaufen.

Positive Gesprächseröffnung und Lob

9. Aktiviere ich meinen Wortschatz?

Ihre Sprache sollte ausdrucksvoll sein. Benutzen Sie bildhafte Vergleiche, und vermeiden Sie Füllwörter und Floskeln. Hierzu gehört, daß Sie folgende Verhältnismäßigkeiten kennen:

Bildhafte Sprache

Ein Kunde behält von Ihrem Verkaufsgespräch
- ca. 10% nur durch Hören
- ca. 10% nur durch Sehen
- ca. 40% durch Hören und Sehen
- ca. 60 - 70% durch eigenes Handeln.

Ich fasse nochmal ganz kurz zusammen...
und noch kurz zum schluß...
Rosch

Wenn es Ihnen gelingt, den Kunden aktiv in den Verkaufsprozeß einzuschalten, ihn zu beteiligen, wird ihm das Gesagte besser im Gedächtnis bleiben und sein Interesse verstärkt.

10. Verkaufe ich mit dem Bleistift?
Das Verkaufen mit dem Bleistift (Pencil selling, vgl. Seite 69) hilft entscheidend, die eigenen Gedankengänge schneller an den Käufer heranzutragen. Folgende zusätzliche Vorteile sind:

Pencil selling

- Der Kunde ist besser motiviert, wenn er sieht, daß sich der Verkäufer Notizen macht.
- Die Aussage wird visuell unterstützt und bleibt dadurch besser im Gedächtnis.
- Der Kunde ist vorsichtiger mit unrealistischen oder überzogenen Äußerungen und Forderungen.
- Der Verkäufer schafft sich Spielraum zum Nachdenken.
- Die Notizen können dem Verkäufer als Protokoll dienen.

11. Erkenne ich die körpersprachlichen Aussagen meines Kunden?
Wenn Sie körpersprachlich geschult sind, können Sie rechtzeitig positive und negative Signale beim Kunden erkennen. Prüfen Sie jedoch, in welcher Phase des Verkaufsgespräches Sie sich befinden. Zu früh sollten Sie nie aufgeben. Mehrere negative körpersprachliche Aussagen hintereinander sollten jedoch jeden Verkäufer überlegen lassen, ob nicht auch ein Rückzug manchmal ein Sieg ist. Die gewonnene Zeit können Sie sehr oft beim nächsten Kunden und im wahrsten Sinne des Wortes gewinnbringend anwenden.

Negative und positive Signale

Preisargumentation
So verkaufen Sie Ihren Preis –
20 Methoden

Preispsychologie
So überwinden Sie psychologische Barrieren –
8 Praxistips

Preisargumentation
So verkaufen Sie Ihren Preis –
20 Methoden

Es gibt viele Möglichkeiten, um das Kundenargument „zu teuer" in die richtigen Bahnen zu lenken. Bedenken Sie auch: Solange der Kunde Einwände bringt, ist er bereit, mit Ihnen zu reden. Deshalb sind Einwände gegen den Preis

Einwände sind nicht grundsätzlich negativ

1. etwas ganz Normales,
2. eine Belebung jedes Verkaufsgespräches und
3. ein Meilenstein für einen erfolgreichen Verkaufsabschluß.

Wenn Sie es steuern können, so nennen Sie den Preis nicht gleich zu Beginn des Verkaufsgespräches, sondern bauen Sie erst ein Wertbewußtsein auf. Der Kunde wird den Preis eher akzeptieren, wenn er die Vorteile und die für ihn und sein Unternehmen positiven Eigenschaften der Dienstleistung/des Produktes gehört hat.

Wertbewußtsein schaffen

Wenn der Kunde „zu früh" nach dem Preis eines Produktes fragt, so gibt es zwei Möglichkeiten:

Der Kunde fragt zu früh

Rückstell-Methode
Sie verweisen darauf, daß Sie den Preis zu einem späteren Zeitpunkt nennen: *„Darf ich darauf eingehen, wenn wir ..."*

Rückfrage-Methode
Sie versuchen, durch eine Rückfrage Zeit zu gewinnen und Hintergrundinformationen zu erhalten.

Die folgenden 20 Methoden der Preisargumentation geben Ihnen einen guten Überblick und sind auf die unterschiedlichsten Gesprächssituationen anwendbar:

107

1. Ja-aber-Methode

Vermeiden Sie „aber"! Es ist die Standard-Methode, um jeder Art von Preis-einwänden zu begegnen. Gerade deshalb sollten Sie diese in der üblichen Form nicht mehr einsetzen. Der Kunde hat subjektiv recht. Verwenden Sie andere beja-hende Formulierungen. Das Wort „aber" läßt sich erset-zen durch „allerdings", „jedoch", „obwohl" oder „nur".

Beispiele:
- *„Dieses Preisargument kann ich verstehen, haben Sie jedoch bedacht ..."*
- *„Gewiß, allerdings ..."*

2. Plus-minus-Methode

Vorteile vs. Nachteile Eine Variante der Ja-aber-Methode. Geben Sie bei berechtigten Einwänden die Nachteile zu. Stellen Sie jedoch die Vorteile und die für Sie positiven Eigenschaf-ten besonders heraus.

Beispiele:
- *„Jawohl, der Preis ist tatsächlich höher, nur beden-ken Sie bitte ..."*
- *„Diese Ausführung ist etwas aufwendiger, jedoch ..."*

3. Verkleinerungs-Methode

Relativierung des Preises Nennen Sie nicht den Preis für die „normale" Einheit, sondern für eine kleinere Einheit. Sie verkleinern den Preis, indem Sie ihn durch Menge, Zeit etc. dividieren.

Beispiele:
- *„Pro Stunde kostet Sie dies nur ..."*
- *„Pro Einheit rechnen Sie lediglich mit ..."*

4. Teilungs-Methode

Basis- und Teilpreise Der Gesamtpreis wird während des Gespräches nicht genannt. Es wird lediglich von dem Basispreis und wei-teren Teilpreisen gesprochen.

Beispiele:

■ *„Dieses Möbelstück kostet Sie nur ... DM, ferner liefern wir Ihnen hierzu entsprechende Schrankeinsätze."*

■ *„Dieses Automodell kostet lediglich 23.500 DM, es empfiehlt sich jedoch, ein Schiebedach und auch noch ein Radio einzubauen."*

5. Vorwegnahme-Methode
Eine wichtige Methode, um etwaigen Preiseinwänden zuvorzukommen. Sie nehmen den möglichen Einwand schon selbst vorweg.

Einwände vorwegnehmen

Beispiele:

■ *„Sie könnten nun meinen, daß der Preis zu hoch sei ..."*

■ *„Vielleicht mag Ihnen der Preis etwas zu hoch erscheinen, wenn Sie jedoch bedenken ..."*

6. Vergleichs-Methode
Der Mehrpreis im Vergleich zu einem Wettbewerbsprodukt wird mit einer alltäglichen Routineausgabe verglichen bzw. in Beziehung gesetzt.

Vergleich mit alltäglichen Ausgaben

Beispiele:

■ *„Dieses Produkt kostet Sie nur eine Zigarette pro Tag mehr."*

■ *„Wenn Sie vergleichen, wieviel inzwischen Ihr Auto täglich kostet, und das mit dem Nutzen unseres Produktes vergleichen ..."*

7. Umkehrungs-Methode
Geben Sie den Einwand an den Diskussionspartner zurück. Stellen Sie den angesprochenen Nachteil als besonderen Vorteil heraus. Beginnen Sie immer mit *„Gerade ..."*

Nachteil als Vorteil

Beispiele:

- „*Gerade weil wir etwas teurer sind, sprechen wir auch eine andere Zielgruppe an.*"
- „*Gerade deshalb sollten Sie mein Angebot wählen, denn Sie haben auch eine höhere Spanne.*"

8. Aktivierungs-Methode

Kunden miteinbeziehen Wenn Sie den Käufer aktiv miteinbeziehen, können Sie den Verkaufserfolg viel schneller erreichen. Auch höhere Preise werden so vom Kunden viel eher akzeptiert.

Beispiele:

- „*Darf ich Sie bitten, die Speisefolge für Ihr Essen in unserem Hotel selbst zusammenzustellen?*"
- „*Können Sie einmal mit mir addieren ...*"

9. Relations-Methode

Vergleich mit teurerer Ausführung Das von Ihnen angebotene Produkt wird mit einer teureren, aber für den Kunden uninteressanten Ausführung verglichen. Der Preis wirkt so natürlich entschieden niedriger.

Beispiele:

- „*Im Vergleich zu unserem hochpreisigen Modell haben Sie hier ...*"
- „*Wenn Sie die von Ihnen gewählte Schrankwand mit unserer sehr aufwendigen englischen Schrankwand vergleichen ...*"

10. Qualitäts-Methode

Qualität und Service Diese Methode wird sehr häufig angewandt. Sie ist heute nicht mehr so zugkräftig, denn allzu viele Verkäufer operieren inzwischen mit dem Qualitäts-Begriff und ihrem Service.

Beispiele:

- „*Wenn Sie unsere Qualität berücksichtigen, so ist dieser Preis wirklich sehr günstig.*"
- „*In bezug auf diesen hervorragenden Service ist der Preis bestimmt angemessen.*"

11. Leistungs-Methode

Sie nennen weitere Leistungen, die beim Kauf einge-schlossen sind.

Zusatzleistungen inklusive

Beispiele:
- *„Der Preis versteht sich inklusive einem Jahr Garantie und vollem Rückgaberecht innerhalb ..."*
- *„Dieser Preis beinhaltet die kostenlose Wartung für die Dauer ..."*

12. Öffnungs-Methode

Diese Methode hilft Ihnen, Einwände gegen den Preis rechtzeitig zu erfahren und zu erkennen. Sie können so versuchen, in Verkaufsgesprächen schneller eine Über-einstimmung zu erzielen.

Einwände früh erkennen

Beispiele:
- *„Kann ich Ihr Schweigen als Zustimmung betrach-ten?"*
- *„Gibt es außerdem noch einen Grund, warum Sie unser Produkt nicht kaufen möchten?"*

13. Überraschungs-Methode

Erzielen Sie einen Überraschungseffekt bei Ihrem Kunden. So haben Sie Gelegenheit, Ihre Argumente nochmals vorzutragen.

Argumente wiederholen

Beispiele:
- *„An sich müßte der Preis viel höher sein, denn ..."*
- *„Gerade dieser Preis ist besonders günstig, weil ..."*

14. Motivierungs-Methode

Sie stellen dem Gesprächspartner eine Frage, die ihn zur Stellungnahme veranlaßt. So motivieren Sie ihn, seine Vorstellungen zu präzisieren.

Nach präzisen Vorstellungen fragen

Beispiele:

- *„Was könnten wir nach Ihrer Meinung an diesem Produkt verbessern, damit Sie den von mir genannten Preis akzeptieren können?"*
- *„Was müssen wir tun, um Sie als Fachmann von unserem Produkt/Preis überzeugen zu können?"*

15. Eisberg-Methode

Gefühle ansprechen Sie versuchen, das Unterbewußtsein („den Eisberg") des Kunden zu beeinflussen, indem Sie seine Gefühle ansprechen.

Beispiele:

- *„Es war schon immer etwas teurer, einen besonderen Geschmack zu haben."*
- *„Unsere Produkte werden Ihr Image noch weiter aufwerten."*

16. Differenz-Methode

Sie nennen weder den Basis- noch den Luxus-Preis, sondern sprechen lediglich von der etwaigen Preisdifferenz.

Beispiele:

- *„Bei nur 1000 DM mehr haben Sie zusätzlich eine hervorragende Ausstattung ..."*
- *„Mit 400 DM mehr können Sie ..."*

17. Ablenk-Methode

Neuer Themenaspekt Wenn Sie zu dem Argument „viel zu teuer" nicht Stellung nehmen wollen (oder auch nicht können), so bringen Sie einen neuen Aspekt in das Verkaufsgespräch ein.

Beispiele:

- *„Abgesehen von dem Preis sollten Sie bitte folgende Gesichtspunkte berücksichtigen ..."*
- *„Andererseits können Sie von folgender Überlegung ausgehen ..."*

18. Eisbrecher-Methode

Wenn Sie das „eiserne Schweigen" Ihres Gegenübers brechen wollen, um seine Einwände bezüglich des Preises zu erfahren, so bleibt als letzter Weg manchmal nur die Provokation. Diese Methode sollten Sie jedoch nur in Ausnahmefällen anwenden, da sie insgesamt mehr Nachteile als Vorteile aufweist. Sie hat sich schon häufig als gefährlich erwiesen.

Provokationen

Beispiele:

■ *„Was sagen Sie zu diesem einmalig günstigen Angebot?"*
■ *„Es spricht doch nichts gegen ..."*

19. Positionierungs-Methode

Sie ist die wichtigste Methode überhaupt! Nennen Sie nie den Preis allein, das fordert grundsätzlich zum Widerspruch heraus. Lassen Sie den Preis zwischen zwei Vorteilen Ihrer Dienstleistung/Ihres Produktes einfließen.

Vorteil – Preis – Vorteil

Beispiele:

■ *„Diese hochwertige Küche kostet Sie nur ... In diesem Preis ist schon der Transport enthalten ..."*
■ *„Wenn Sie den günstigen Sonderpreis von ... DM berücksichtigen, der zusätzlich noch ... beinhaltet ..."*

20. Offenbarungs-Methode

Die letzte Möglichkeit, um einen besonders hartnäckigen Kunden, der sämtliche Preisargumente von Ihnen ablehnt, zu einem positiven Verkaufsabschluß zu bringen. Wenden Sie diese Methode jedoch nur dann an, wenn Sie innerlich schon aufgegeben haben.

Nur für den Notfall

Beispiele:

■ *„Unter welchen Umständen sind Sie bereit, diesen Preis zu akzeptieren?"*
■ *„Was muß ich tun, um ..."*

Preispsychologie
So überwinden Sie psychologische Barrieren –
8 Praxistips

Preisgestaltung innerlich akzeptieren

Der Preis ist für viele Verkäufer im Unterbewußtsein eine psychologische Barriere. Schon nach Sigmund Freud gilt, daß unser Handeln zu 6/7 durch unser Unterbewußtsein und nur zu 1/7 durch unseren Verstand gesteuert wird. Demzufolge müssen wir nicht nur vom Verstand her und argumentativ unsere Preise vertreten, sondern auch unbewußt von der Preisgestaltung unserer Produkte überzeugt sein, um das Verkaufsgespräch konsequent führen und richtig argumentieren zu können.

Ursachen und Praxistips

Stellt der Preis für den Verkäufer ein psychologisches Hemmnis dar, so können folgende 8 Gründe ausschlaggebend sein:

1. Sie akzeptieren die Preisdiskussion als Vorwand.
Die Preiskritik wird Ihrer Meinung nach nur vorgeschoben, um mehr zu erreichen.

Praxistip:

Begründungen prüfen

Hinterfragen Sie, um mehr Informationen zu erhalten. Was können Sie dagegensetzen? Bietet der Wettbewerb wirklich Vorteile, die nicht auch Sie bieten können?

2. Sie haben zu großen Respekt vor Mitbewerbern.
Wenn Sie zuviel „Achtung" vor dem Wettbewerb haben, so ist dies eine schlechte Basis für das Preisgespräch.

Praxistip:

Innere Überzeugung aufbauen

Positionieren Sie sich gegebenenfalls hinter oder vor Ihren Produkten! Strahlen Sie aus, daß Sie von Ihrer Leistung überzeugt sind. Viele Verkäufer meinen, daß sie das schlechtere und dem Wettbewerb unterlegene Produkt verkaufen. Ganz abgesehen vom Preis – auch der Wettbewerb kocht nur mit Wasser! Sollte es Ihnen nicht gelingen, eine innere Überzeugung aufzubauen, können wir Ihnen nur folgenden Tip geben: Wechseln Sie die Branche, oder gehen Sie zu dem Wettbewerber, der das Ihrer Meinung nach bessere Produkt hat.

3. Sie sind zu bequem.

Sie bieten immer wieder bestimmte gängige und preiswerte Artikel an – eine beliebte Methode, um dem unangenehmen Preisgespräch aus dem Weg zu gehen. Dies ist bezeichnend für einen Verkäufer, der seinem Unternehmen schon die „innere Kündigung" ausgesprochen hat und keine Herausforderung annimmt.

Praxistip:
Durchleuchten Sie alle Artikel Ihres Angebots. Machen Sie sich eine Checkliste der besonders schwierigen – und zumeist auch teureren – Produkte. Welche Vorteile bringen diese für den Kunden? Welche Einwände wird er, neben dem Preis-Argument, bringen? Welche Argumente können Sie dagegenhalten?

Auseinandersetzung mit hochpreisigen Produkten

4. Sie leben mit einem Vorurteil.

Viele Verkäufer gehen davon aus, daß der Kunde grundsätzlich bessere Angebote vorliegen hat.

Praxistip:
Analysieren Sie die Angebote des Wettbewerbs. Sind diese wirklich besser? Legen Sie sich eine stichhaltige Argumentationsliste an. Voraussetzung ist natürlich, daß Sie Vorteile gegenüber dem Angebot des Wettbewerbs vorweisen können, sonst nützen selbst die besten Methoden der Preisargumentation nichts!

Wettbewerbsanalyse

5. Ihnen fehlen Erfolgserlebnisse.

Statt sich an positiven Erfahrungen zu orientieren, haben Sie stets zwei oder drei negative Preisgespräche vor Augen. Ihre negativen Erwartungen werden auch von Ihrem Gegenüber sehr schnell erkannt werden.

Praxistip:

Negative Vorurteile abbauen Jedes Gespräch ist ein neuer Anfang. Lösen Sie sich von Ihren negativen Vorurteilen. Analysieren Sie vergangene Gespräche genau nach Stärken und Schwächen, und nehmen Sie sich ein positives Preisgespräch als Vorbild.

6. Sie sind auf das Preisgespräch fixiert.

Messen Sie dem Preisgespräch keinen zu hohen Stellenwert bei. Wenn Sie ganz darauf ausgerichtet sind, daß der Kunde Ihren Preis attackiert, wird er dies zweifelsohne auch tun.

Praxistip:

Vertrauen und Wertbewußtsein aufbauen Hören Sie aktiv zu. Anhand eines guten Vertrauensverhältnisses und einer hervorragenden Argumentation in der Fachphase erledigt sich die Frage nach dem Preis – vielleicht – von selbst. Bauen Sie zunächst ein Wertbewußtsein bei Ihrem Kunden auf. Ob ein Produkt 100 DM oder 150 DM wert ist, kann der Kunde erst nach Ihrer Argumentation erkennen.

7. Sie verhindern das Preisgespräch.

Sie verzögern und verhindern das Preisgespräch, da es Ihnen unangenehm ist. Sie lenken ab und bemerken nicht einmal, daß der Kunde – natürlich über den Preis – zum Abschluß kommen will.

Praxistip:

Den richtigen Zeitpunkt abpassen Bereiten Sie sich entsprechend vor. Bauen Sie – im Gegensatz zu allen anderen Beispielen – das Preisgespräch gegen Ende der Fachphase ein. Der richtige Zeitpunkt ist hier besonders wichtig.

8. Sie akzeptieren, daß der Kunde blufft.

Natürlich hat der Kunde niedrigere Preise vorliegen! Kennen Sie einen Einkäufer, der die Preise des Verkäufers für angemessen oder gar für zu niedrig hält?

Praxistip:

Prüfen Sie, um welchen Kundentyp es sich handelt. Wenn der Kunde übertreibt bzw. überzieht, können Sie die Methoden der Preisargumentation einsetzen. Wenn es sich jedoch um einen wohldurchdachten und berechtigten Einwand des Einkäufers handelt, wird es sehr schwierig werden. Zeigen Sie unbedingt die Vorteile Ihres Produktes/Ihrer Dienstleistung auf, und diskutieren Sie nicht über den Preis.

Den Kundentyp richtig einschätzen

Qualifikation

So bilden Sie sich weiter –
16 Erfolgsfaktoren für Spitzenverkäufer

Qualifikation
So bilden Sie sich weiter –
16 Erfolgsfaktoren für Spitzenverkäufer

Ein altes Sprichwort sagt: „Wer aufhört zu rudern, treibt ab." Wer sich nicht ständig weiterqualifiziert, wird in den heutigen dynamischen Märkten schnell verschwinden. Hier gilt es, sein eigener Verkaufstrainer zu sein und die eigene Arbeit immer wieder kritisch zu überprüfen. Achten Sie insbesondere auf die 16 wichtigsten Faktoren für erfolgreiche Verkaufsgespräche.

1. Eröffnung, Einstieg
Machen Sie sich folgende Maximen zu eigen:

- Haben Sie den Mut, es anders als andere zu machen.
- Lernen Sie, sich selbst besser zu verkaufen.

Steigen Sie hoch ein!

Der Einstieg muß stimmen. Beginnen Sie deshalb mit etwas „Herausragendem". Drei Möglichkeiten bieten sich an:
a) Erzählen Sie gleich zu Beginn etwas Interessantes bzw. Neues über Ihr Produkt.
b) Nutzen Sie aktuelle Anlässe, und sprechen Sie etwas aus der Situation heraus an, z. B. die verbesserte Produktqualität, einen neuen Anwendungsbereich etc.
c) Spielen Sie Ihr Wissen über das Unternehmen Ihres Kunden aus, gratulieren Sie z. B. zur gelungenen Jubiläumsveranstaltung, zur neuen Filiale, zur höheren Position des Gesprächspartners.

Verwenden Sie zum Einstieg wechselweise die Frageform, treffen Sie Feststellungen, oder beginnen Sie mit einem Ausruf.

2. Aktives Zuhören

Vertrauen und Sympathie

Nicht umsonst schenken wir den Menschen die größte Sympathie, die uns besonders gut zuhören können. Die Fähigkeit, zuhören zu können, kennzeichnet in besonderem Maße den Beruf des Pfarrers und des Arztes, und aus diesem Grund genießen beide Berufsgruppen auch heute noch ein hohes gesellschaftliches Ansehen. Aktives Zuhören ist seit Jahren im Gespräch. Kein Verkaufsseminar, kein Training ohne aktives Zuhören. Lassen Sie also dem Kunden einmal die Vorfahrt!

3. Fragetechnik

Das A und O im Verkauf

Man kann es nicht oft genug sagen: Eine gute Fragetechnik ist das A und O im Verkauf. Wenn Sie Ihre Erfolge steigern wollen, sollten Sie Ihre Fragetechnik perfektionieren.

4. Auf die Argumentation eingehen

Individuelle Gesprächsführung

Sehr oft ist der Außendienstmitarbeiter und Verkäufer in Gedanken schon einen Schritt weiter als der Kunde! Dies ist zwar verständlich und nachvollziehbar – schließlich kennt der Verkäufer sein Angebot –, kann aber dazu verführen, die Fragen und Einwände des Kunden nicht genügend ernst zu nehmen. Vermeiden Sie eine eingefahrene Gesprächsführung, und gehen Sie auf jeden Kunden individuell ein.

5. Unterbrechungen

Frage der Höflichkeit

Unabhängig davon, daß es eine Frage der Höflichkeit ist, den Gesprächspartner nicht zu unterbrechen, für einen erfolgreichen Verkäufer sollte es ein eisernes Gesetz sein: Kunden niemals unterbrechen. „Darf ich hier schon mal einhaken ..." oder „Um diesen Punkt gleich aufzugreifen ..." sind beliebte Äußerungen, die den Kunden nur verärgern, wenn er seine Ausführungen noch nicht beendet hat.

6. Sie-Standpunkt

Stellen Sie den Kunden in den Mittelpunkt Ihrer Argumentation! Auch wenn das Wörtchen „ich" an vierter
Stelle der meistgebrauchten Wörter der deutschen
Sprache steht, im Verkaufsgespräch sollten Sie es – bis
auf die Ich-Botschaften – ganz vergessen.

König Kunde

7. Belehrungen, Monologe

Nur der Kunde, der sich bestätigt fühlt, kauft. Durch
Belehrungen und Feststellungen erzielen Sie dagegen
eine Minusstimmung. Hier hilft die Fragetechnik.
Gleichzeitig verhindert sie ein Monologisieren des Verkäufers.

Kunden bestätigen

8. Sprechtechnik

Obwohl „Schnellsprecher" im Verkaufsgespräch tatsächlich schneller überzeugen, sollten Sie nicht auf den
kurzfristigen Sieg setzen. Wenn Sie den Kunden auf län-
gere Sicht gewinnen wollen, so sprechen Sie etwas
langsamer. Wenn wir von fünf Sprechgeschwindigkeiten
ausgehen (sehr schnell, schnell, mittel, langsam, sehr
langsam), so wählen Sie eine möglichst langsame
Sprechweise im Verkaufsgespräch. Der Kunde wird es
Ihnen danken, wenn er Ihren Ausführungen besser folgen kann.

**Langsame
Sprechweise
trainieren**

Checkliste: Sprechtechnik

■ Idealzustand

		besonders			mittel			besonders	
		▼			▼			▼	
Sprechtempo	schnell					■			langsam
	abgehackt					■			rhythmisch
Stimmstärke	laut			■					leise
Stimmlage	hart			■					weich
	hoch					■			tief
	dünn				■				voluminös

---

9. Puffer bei Negativ-Äußerungen

Streicheleinheiten für den Kunden

Loben Sie Ihren Kunden, und geben Sie ihm auch einmal recht – auch wenn er nicht Ihrer Meinung ist. Verwenden Sie zumindest keine Minus-Äußerungen (vgl. Seite 91), sondern lassen Sie Puffer in das Gespräch einfließen, z. B:

■ *„Eine gute Frage ..."*
■ *„Das ist richtig, allerdings ..."*
■ *„Genauso sehe ich das auch ..."*

Der Kunde braucht Streicheleinheiten, um das von Ihnen gekaufte Produkt an anderer Stelle überzeugend vertreten zu können.

10. Distanzzonen

Jeder Mensch verteidigt – wie das Tier – sein Revier. So bauen wir alle um uns gewisse Distanzzonen auf. Wichtig ist, daß wir im Verkauf möglichst in der persönlichen Distanz (0,60 bis 1,50 m) „verweilen". Hierbei ist die eigene Körpergröße zu berücksichtigen. Sind Sie sehr groß, so sollten Sie im Stehen die Distanz vergrößern, um nicht auf den Kunden herabzuschauen.

Persönliche Distanzzone einhalten

11. Körperhaltung, Körpersprache

Die Körperhaltung können Sie beeinflussen, während die Körpersprache unbewußt wirkt. Eine ideale Körperhaltung gegenüber jedem Kunden gibt es nicht. Doch gibt es fünf Grundregeln:

5 Grundregeln

- Schlagen Sie die Beine *nicht* lässig übereinander.
- Neigen Sie den Oberkörper weit nach vorn.
- Verschränken Sie *nicht* die Arme vor der Brust.
- Legen Sie die Hände so, daß sie sichtbar sind.
- Setzen Sie sich möglichst dem Kunden *nicht* direkt gegenüber.

12. Gestik

Alle Extreme sind schlecht. Gestikulieren Sie weder mit Händen und Füßen, noch sitzen – oder stehen – Sie völlig bewegungslos herum. Ein gutes Maß an Bewegung gehört einfach dazu, wenn Sie Überzeugungskraft ausstrahlen wollen. Wir unterscheiden drei gestische Grundaussagen:

Überzeugungskraft ausstrahlen

a) Hände unterhalb der Gürtellinie und Handflächen nach unten = negativ, nicht überzeugt
b) Hände zwischen Gürtellinie und Brust und Handflächen senkrecht = neutral, wirkt überzeugt
c) Hände auf Brusthöhe und Handflächen nach oben = positiv, stark überzeugt.

Nutzen Sie dieses Wissen, um gegenüber dem Kunden Ihre volle Überzeugungskraft auszuspielen.

13. Blickkontakt

Vorteile von Blickkontakt
Auch bei noch so schwierigen Fragen und Ihrer Meinung nach ungerechtfertigten Einwänden müssen Sie mit Ihrem Kunden Blickkontakt halten. Sie strahlen sonst Unsicherheit aus und geben dem Kunden ein – unnötiges – Überlegenheitsgefühl. Der Blickkontakt hat folgende Vorteile:

- Er schafft Sympathie beim Kunden.
- Er führt zu einem Vertrauensverhältnis.
- Sie strahlen Sicherheit aus.
- Sie kontrollieren den Kunden.

14. Notizen machen

Pencil selling
Kein Verkaufsgespräch mehr ohne Pencil selling! Machen Sie sich Notizen. Sie geben dem Kunden damit das Gefühl, daß Sie ihn ernst nehmen. Zudem haben Sie so ein gutes Verkaufsprotokoll, was sich später auszahlen kann. Außerdem können Sie dem Kunden bestimmte Aussagen schriftlich belegen.

15. Präsentation der Unterlagen
Hier sind zwei Punkte zu beachten:

Professionelle Präsentation
- Sind die Unterlagen griffbereit?
- Sind sie in ordentlichem Zustand und inhaltlich auf dem aktuellen Stand?

Erfolgreiche Außendienstmitarbeiter gehen wie folgt vor: Das Bestellformular oder Auftragsbuch sollte – sofern es benötigt wird – schon gleich zu Beginn auf dem Tisch liegen. Wird es erst in der Abschlußphase präsentiert, so führt dies automatisch zu einer Abwehrreaktion beim Kunden.

16. Schluß

„Der erste Eindruck ist entscheidend, der letzte bleibt."
– Diese klugen Worte sollte sich jeder Verkäufer und
Außendienstmitarbeiter gut einprägen. Ein erfolgreicher
Verkaufsabschluß sollte nicht mit einem erfolgreichen
Verkaufsgespräch gleichgesetzt werden. Bestätigen Sie
Ihren Kunden, und geben Sie ihm abschließend noch
einmal das Gefühl, daß er sich zu einem guten Kauf ent-
schlossen hat. Dies wird sich bestimmt beim nächsten
Verkaufsgespräch auszahlen!

Der letzte Eindruck bleibt

Reklamationen

So nutzen Sie Reklamationen als Chance –
12 Basisregeln + 13 Praxistips für telefonische Reklamationen

Reklamationen
So nutzen Sie Reklamationen als Chance –
12 Basisregeln + 13 Praxistips für
telefonische Reklamationen

Folgende Zielsetzungen verbinden Sie mit einer erfolgreichen Reklamationserledigung: **Ziele**

1. Ich will den Kunden behalten.
2. Ich will, daß der Kunde für mich ein Multiplikator wird und mir neue Kunden zuführt.
3. Ich will das Image unseres Unternehmens erhalten.
4. Ich will die Kosten für mein Unternehmen möglichst gering halten. Aufwand und Ertrag müssen im richtigen Verhältnis stehen.
5. Ich bin bereit, aus Fehlern, die ich und mein Unternehmen gemacht haben, zu lernen.

Die Regeln, die bei der Behandlung von Reklamationen besonders zu beachten sind: **Basisregeln**

Regel 1: Zuhören können
Geben Sie dem Kunden die Chance, Luft abzulassen, und unterbrechen Sie ihn nie.

Regel 2: Positive innere Einstellung
Wenn Sie dem Kunden mit einer negativen Einstellung   **Positve**
begegnen und davon ausgehen, daß er Sie ohnehin nur   **Herangehensweise**
übertölpeln will, haben Sie keine Chance. Geben Sie dem Kunden die Möglichkeit, seine Argumente vorzutragen.

Regel 3: Positive Körperhaltung
Bringen Sie nicht durch Ihre Körperhaltung zum Ausdruck, was Sie von der Reklamation Ihres Kunden halten. Verschränken Sie nicht die Arme vor der Brust, und

lehnen Sie sich nicht zurück. Nach den Regeln der Körpersprache sind dies typisch ablehnende Aussagen!

Regel 4: **Notizen machen**

Interesse zeigen Wenn wir im Verkaufsgespräch vom Pencil selling sprechen, so hat sich dies insbesondere im Reklamationsgespräch sehr bewährt. Zeigen Sie dem Gesprächspartner, wie sehr Sie an seinen Ausführungen interessiert sind.

Regel 5: **Postive Formulierungen**

Mit Bedacht formulieren Alles, was Sie negativ ausdrücken können, läßt sich auch positiv sagen. Gerade bei einer Reklamation sind wir leichter erregt und kontrollieren uns zu wenig.

Statt: *„Herr Kunde, da haben Sie mich falsch verstanden ..."*

besser: *„Herr Kunde, da habe ich mich falsch ausgedrückt ..."*

Statt: *„Herr Kunde, folgender Einwand zu Ihrer Reparaturabwicklung ..."*

besser: *„Herr Kunde, folgende Frage zu Ihrer Reparaturabwicklung ..."*

Ersetzen Sie möglichst die Wörter „Reklamation" oder Beanstandung". Wenn sie sich nicht vermeiden lassen, verwenden Sie häufiger den Zusatz „berechtigt".

Regel 6: **Kurz und präzise formulieren**

Diese Regel gilt auch für das normale Verkaufsgespräch. Allerdings sind langatmige Ausführungen bei einem Reklamationsgespräch besonders gefährlich! Sie verwickeln sich leichter in Widersprüche, und der Kunde hat das Gefühl, daß Sie ihm nicht genug Aufmerksamkeit widmen. Nur wer sich bestätigt fühlt, wird Ihre Produkte letztlich wieder kaufen.

Regel 7: Häufig Fragen stellen

Wer fragt, der führt, der gewinnt. Eine geschickte Fragetechnik baut Aggressionen ab und hilft, den Gesprächspartner in eine bestimmte Richtung zu lenken. Ein alter
Grundsatz im Verkauf wie in der Reklamationsbehandlung lautet: Feststellungen und Behauptungen sind
möglichst durch Fragen zu ersetzen.

Wer fragt, führt!

Regel 8: Behauptungen Ihres Kunden überprüfen

Geben Sie dem Kunden das Gefühl, daß er für Sie ganz
besonders wichtig ist. Versprechen Sie ihm, daß Sie sich
persönlich um die Angelegenheit kümmern werden –
und halten Sie Ihr Wort. Der Kunde wird es Ihnen danken.

**Vertrauen
aufbauen**

Regel 9: Identifikation mit Ihrem Unternehmen

Sie repräsentieren ein Unternehmen, das einen Ruf zu
verlieren hat. Deshalb müssen Sie beide Seiten – die des
Kunden und die des eigenen Unternehmens – gegen-
einander abwägen. Denken Sie daran, daß bestimmte
Reklamationen nur ein Vorwand sind, um einen höheren
Rabattsatz auszuhandeln!

**Beide Seiten
abwägen**

Regel 10: Dank und Entschuldigung aussprechen

Bauen Sie in Ihr Reklamationsgespräch öfter einen Dank
oder auch eine Entschuldigung ein. Sie werden verblüfft
sein, wie schnell die negative Grundeinstellung Ihres
Kunden verfliegt.

Regel 11: Die Einmaligkeit der Reklamation betonen

Seien Sie bestrebt, den Kunden davon zu überzeugen,
daß es sich um einen Ausrutscher handelt, der normalerweise nicht passiert. Sätze wie: „Der Kunde in Kande
hat die Sache nicht so tragisch genommen ..." oder
„Diesen Fall haben wir tagtäglich ..." sind der Anfang
vom Ende jeder Kundenbeziehung.

**Einmalige
Ausnahme**

Regel 12: Zu einem für beide Seiten akzeptablen Ergebnis kommen

Das persönliche Gespräch vorziehen

Diese Aufgabe kann keinem noch so guten Verkäufer abgenommen werden: Persönliche Vorteile, Interessen des eigenen Unternehmens und die Reklamation des Kunden sind in Einklang zu bringen.

Reklamationsgespräche am Telefon

Jeder Verkäufer und Außendienstmitarbeiter hat sich bei seiner täglichen Verkaufstätigkeit auf Reklamationsgespräche einzustellen. Das persönliche Reklamationsgespräch hat gegenüber der telefonischen Abwicklung viele Vorteile und sollte möglichst oft gewählt werden. Wenn Sie es zeitlich nicht schaffen oder Sie andere wichtige Gründe zwingen, das Reklamationsgespräch am Telefon zu führen, sollten Sie folgendes beachten:

Vor dem Reklamationsgespräch

1. Wie ist der reklamierende Kunde einzuschätzen?

Ruhe und Sachlichkeit

Zur Einschätzung des Gesprächspartners gehört die Frage: Wie hat der Kunde bisher auf Reklamationen reagiert? Stellen Sie sich auf dieses Verhalten ein. Meistens müssen Sie mit einer negativen Einstellung des Kunden rechnen. Er wird öfters gereizt reagieren, und die „Gesprächstemperatur" liegt dementsprechend höher! Lassen Sie sich nicht darauf ein, und bleiben Sie ruhig und sachlich.

2. Haben Sie Notizblock/Unterlagen bereit?

Alles bereitlegen

Jede Telefonminute kostet Geld und Zeit. Noch wichtiger ist es, daß Sie nicht die kostbare Zeit Ihres Kunden verschwenden. Die Reklamation ist für den Kunden schon ärgerlich genug; er erwartet von Ihnen eine schnelle und sorgfältige Abwicklung. Dazu gehört, daß Sie einen Notizblock, die entsprechenden Unterlagen und Ihren Reklamations-Handzettel am Telefon parat haben.

3. Haben Sie den richtigen Gesprächspartner?

Wie oft wird selbst in Verkaufsgesprächen mit den falschen Gesprächspartnern verhandelt! Prüfen Sie auf jeden Fall, ob Sie nicht einen wichtigen Gesprächspartner übergangen haben, und klären Sie die Zuständigkeit. Stellen Sie fest, ob der Reklamierende auch der Entscheider ist. Von wem erhalten Sie gegebenenfalls weitere Aufträge?

Zuständigkeit des Gesprächspartners

4. Ist der Zeitpunkt richtig gewählt?

Nur in Ausnahmefällen sollten Sie einen Zeitpunkt wählen, der Ihnen selbst auch unangenehm wäre: direkt nach Arbeitsbeginn (Morgenmuffel), kurz vor und direkt nach der Mittagspause (hungriger Magen und traditioneller Arbeitsrhythmus) oder vor Arbeitsschluß (unnötiger Ärger direkt vor dem verdienten Feierabend). Versuchen Sie, den passenden Zeitpunkt für Ihre gesamten Verkaufsgespräche schon vorher herauszufinden, und tragen Sie diesen auf Ihrem Reklamations-Handzettel ein.

Zeitpunkt festlegen

5. Welche Zugeständnisse können Sie machen?

Wägen Sie vorher genau ab, welche Nachteile Ihnen bei Falschbehandlung des Kunden und Nichterreichen des Ziels entstehen können. Aufwand und Ertrag müssen für Ihr Unternehmen – aber auch für Sie – im richtigen Verhältnis stehen. Überlegen Sie deshalb vorher genau, welches Angebot Sie unterbreiten wollen und welche Zugeständnisse maximal möglich sind.

Limits setzen

Versuchen Sie, jedes außergewöhnliche Entgegenkommen Ihrerseits mit einem entsprechenden Vorteil für Ihre Firma und damit auch für Sie zu koppeln.

6. Wie haben Sie bisher Lieferungen/Reklamationen abgewickelt?

Vor Ihrem Anruf müssen Sie die Abwicklung der bisherigen Aufträge prüfen. Sind noch Aufträge offen? Gibt es weitere unerledigte Reklamationen?

Kundendatei checken

Notieren Sie also als weitere Punkte auf Ihrem Reklamations-Handzettel:

- Bisherige Aufträge – wann erledigt?
- Bisherige Reklamationen – wann erledigt?

7. Welche Tips und Informationen haben Sie parat?

Tips für den Kunden

Jeder Kunde ist für Ideen, Informationen oder Ratschläge dankbar, die ihm bei seiner täglichen Arbeit helfen. Durch einen guten Vorschlag oder einen praktischen Tip hat schon manche Reklamation ihren hohen Stellenwert für den Kunden verloren.

Während des Reklamationsgespräches

8. Wählen Sie die richtige Anrede?

Klare Aussprache des Namens

Achten Sie darauf, daß Sie Ihren Kunden richtig ansprechen; dazu gehört die klare Aussprache des Namens. Und vergessen Sie den etwaigen Titel nicht! Sollte es sich um einen besonders schwierig auszusprechenden Namen handeln, so notieren Sie diesen in Lautschrift auf Ihrem Reklamations-Handzettel.

9. Unterbrechen Sie den Kunden?

Das telefonische Reklamationsgespräch sollte möglichst kurz sein. Dennoch: Hüten Sie sich davor, Ihren Kunden zu unterbrechen. Er ist der Mittelpunkt des Gespräches. Folgekosten aufgrund von Fehlverhalten werden in jedem Fall höher sein, als ein um wenige Minuten längeres Telefonat.

10. Bleiben Sie „am Ball"?

Konzentriert bei der Sache bleiben

Zeit ist Geld! Sprechen Sie nicht über Belangloses, sondern konzentrieren Sie sich ganz auf die Reklamation. Gehen Sie kurz und präzise auf die Argumente des Kunden ein, und führen Sie auf keinen Fall lange Monologe. Wenn Sie dem Kunden zu viele Informationen – oder auch Entschuldigungen – anbieten, so wird ihn dies langweilen, oder er wird seine Forderungen erhöhen. Beides kann nicht in Ihrem Sinn sein.

11. Wie gut ist Ihre Sprechtechnik?

Sprechen Sie zu hoch, so macht das Ihren Kunden nervös. Sprechen Sie zu tief, so kann es leicht pastoral wirken. Sprechen Sie zu langsam, so können Sie den Kunden langweilen. Sprechen Sie zu schnell, so schaltet der Kunde ab oder er fühlt sich überrumpelt. – Testen und überprüfen Sie regelmäßig Ihre Sprechtechnik (vgl. Seite 121).

Sprechtechnik überprüfen

12. Erkennen Sie die Abschlußbereitschaft des Kunden?

Viele Verkäufer erkennen selbst im Reklamationsgespräch nicht die Abschluß- bzw. Kompromißbereitschaft des Kunden. Insbesondere die Fragen des Kunden, die nicht die Reklamation betreffen, können ein wichtiger Hinweis sein. Wenn der Kunde die konkrete Frage stellt: „Wie kann man nun diese Angelegenheit schnell erledigen?", wäre es schade, wenn Sie jetzt noch einmal mit Entschuldigungen anfangen und nicht Ihren Lösungsvorschlag unterbreiten würden. Versuchen Sie, jedes Reklamationsgespräch mit einem neuen Auftrag zu krönen!

Die Krönung: Reklamationen mit Neuauftrag abschließen

Nach dem Reklamationsgespräch

13. Haben Sie Ihre Notizen übertragen?

Tragen Sie Ihre Notizen auf dem Reklamations-Handzettel ein. Notieren Sie, welche Zusagen Sie gegeben haben und bis wann diese erledigt sein müssen. Legen Sie Ihren Handzettel – natürlich einige Tage vor Ablauf Ihrer Zusage – unter Wiedervorlage, und erinnern Sie Ihr Unternehmen an die pünktliche Abwicklung.

Ordnungsgemäße und pünktliche Abwicklung

Sprache
So wird Sprache zum Werkzeug im Verkaufsgespräch –
eine 15-Punkte-Checkliste

Schluß
So finden Sie den Schluß nach dem Abschluß –
7 Schritte

Sprache

So wird Sprache zum Werkzeug im Verkaufsgespräch – eine 15-Punkte-Checkliste

Das Vertrauen im Kundengespräch gewinnen wir in entscheidendem Maße durch unsere Stimme und durch unsere Sprache. Ist es Ihnen nicht auch schon so gegangen: Sie finden jemanden – auch im privaten Kreise – auf den ersten Blick sympathisch, dann öffnet der Gesprächspartner den Mund und ...

Vertrauen durch Stimme und Sprache

Die nachfolgende Checkliste gibt Ihnen die Möglichkeit, Ihren Ist-Zustand festzustellen. Noch besser: Lassen Sie sich einmal von einer Ihnen nahestehenden Person prüfen, inwieweit Sie die nachfolgenden Punkte einhalten. Sie werden feststellen, zwischen Selbst- und Fremdeinschätzung liegen Welten!

Selbst- und Fremdeinschätzung

1. Formulieren Sie kurze Sätze?

Viele Verkäufer drücken sich sehr langatmig aus. Wie dankbar ist jeder Gesprächspartner, wenn Sie sich kurz, knapp und präzise ausdrücken. Sie signalisieren damit auch, wie gut Ihre Konzentrationsfähigkeit ist.

Kurz und präzise formulieren

2. Machen Sie öfter einmal eine Pause?

Hier ist sowohl an Denk- wie auch an Sprechpausen gedacht. Viele Verkäufer beherzigen die Pausentechnik nicht, weil sie nur das Ziel (den Verkaufsabschluß) vor Augen haben. Geben Sie dem Kunden genügend Möglichkeiten zu antworten und zur Selbstdarstellung.

Denk- und Sprechpausen

3. Benutzen Sie zu viele Fremdwörter?

„Die Fremdwörter müssen wir eliminieren." Dieser Satz eines Außendienstmitarbeiters in einem meiner Verkaufstrainings-Seminare trug spontan zur Erheiterung der Stimmung bei. Versuchen Sie, sich möglichst einfach

Sich einfach und verständlich ausdrücken

... und vermeiden sie
Fremdwörter in ihren
Verkaufsgesprächen!

auszudrücken. Auch bei Fachausdrücken sollten Sie sich überlegen, ob diese Begriffe Ihrem Gegenüber bekannt sind.

4. Wiederholen Sie sich zu oft?

Natürlich sollen Sie die besonderen Vorteile Ihres Produktes oder Ihrer Dienstleistung herausstellen. Achten Sie jedoch darauf, daß Sie bestimmte Vorteile nicht drei- bis viermal wiederholen. Zum einen ermüdet es den Einkäufer, zum anderen gefährdet es Ihre Glaubwürdigkeit.

Auch Vorteile nur max. 2mal wiederholen

5. Sagen Sie beim Kunden öfter „nein"?

Dieses Wort sollten Sie aus Ihrem Wortschatz möglichst streichen. Versuchen Sie, dieses Wort zu umgehen und andere Möglichkeiten anzubieten. Wenn Sie etwas unbedingt ablehnen müssen, so begründen Sie, warum Sie dies tun.

„Nein" = Sackgasse

6. Setzen Sie Ihren Dialekt zu stark ein?

Wenn Sie in Ihrem Dialekt übertreiben, so wird dies unangenehm auf den Kunden wirken (Ausnahmen bestätigen die Regel!). Umgekehrt: Eine mundartliche Färbung stört nie. Sie sollten nicht versuchen Hochdeutsch zu sprechen, wenn Sie aus Schwaben, dem Rheinland oder aus Bayern kommen. Sprechen Sie jedoch möglichst klar und deutlich.

Dialekt und Mundart

7. Treffen Sie zu häufig Feststellungen?

Die Fragetechnik ist für viele Verkäufer ein Schloß mit sieben Siegeln. Nach Meinung vieler Außendienstmitarbeiter hat die Feststellung den „unschätzbaren" Vorteil, daß dadurch jedes Verkaufsgespräch abgekürzt werden kann. Dieser Zeitgewinn hat – vorsichtig ausgedrückt – häufig umsatzmindernde Konsequenzen.

Fagen statt Feststellungen

8. Unterbrechen Sie Ihre Kunden oft?

Den Kunden in den Mittelpunkt stellen

Jeder von uns meint, er sei der Mittelpunkt der Welt. Klüger wäre es, wenn wir uns selbst nicht so wichtig nähmen und endlich wieder den Kunden in den Vordergrund unserer Bemühungen stellen würden. Dazu gehört, daß wir aktives Zuhören lernen.

9. Sprechen Sie häufig in einer hohen Stimmlage?

Stimmlage beachten

Wenn es sich nicht um eine persönliche Veranlagung handelt, sollten Sie sich ab sofort besser kontrollieren. Kürzere Sätze und eine gute Pausentechnik können Sie unterstützen: Die Stimme wird am Ende eines Satzes normalerweise immer etwas tiefer. Eine hohe Stimme läßt auf Verspannung, Hektik und Nervosität schließen. Können Sie sich das im Verkaufsgespräch leisten?

10. Sprechen Sie monoton und abgehackt?

Interesse und Begeisterung wecken

Wenn Sie sehr monoton und abgehackt sprechen, so ist dies negativ für das Verkaufsgespräch. Überprüfen Sie Ihre Stimme mit einem Tonbandgerät. Denken Sie daran, daß Sie Ihren Kunden interessieren, wenn nicht gar begeistern wollen!

11. Sprechen Sie langsam genug?

Vertrauen aufbauen

Viele Verkäufer sind von ihrer Persönlichkeitsstruktur her nach außen gewandt (extrovertiert) und sprechen sehr schnell. Sie wissen gar nicht, was sie sich damit vergeben! Versuchen Sie, in Zukunft etwas langsamer zu sprechen. So bauen Sie bei Ihrem Gesprächspartner Vertrauen auf und erwecken nicht das Gefühl, daß Sie unangenehmen Fragen ausweichen.

12. Kritisieren Sie Ihre Kunden zu oft?

Ein Lächeln kostet nichts

Wir können unseren Gesprächspartner nicht oft genug ins rechte Licht setzen. Jeder Mensch strebt nach Anerkennung und Lob. Warum wollen wir unserem Kunden diese „preiswerte" Freude verweigern? Auch ein Lächeln ist wichtig für jeden Verkäufer.

13. Wirken Sie unsicher?

Zwei der wichtigsten Grundregeln sind: Halten Sie grundsätzlich mit dem Kunden Blickkontakt. Wenn er spricht, so schauen Sie ihn dabei an. Wenn Sie selbst sprechen, können Sie Ihre Blickrichtung variieren.

Blickkontakt halten

14. Wirken Sie nicht engagiert?

Überzeugen Sie Ihren Kunden – unabhängig vom Inhalt Ihres Verkaufsgespräches – mit lauter und klarer Sprache. Setzen Sie gekonnt gestische Elemente zur Unterstützung ein. Mit weiten und offenen Armbewegungen wirken Sie engagierter.

Einsatz von Gestik

15. Bauen Sie Ihr Verkaufsgespräch richtig auf?

Jedes Verkaufsgespräch durchläuft vier Phasen:

Gesprächsphasen und Argumentationskette

Phase 1 – Eröffnungsphase
Phase 2 – Vertrauensphase
Phase 3 – Fachphase
Phase 4 – Abschlußphase.

Überlegen Sie sich vorher, wie Sie Ihr Verkaufsgespräch aufbauen. Wichtig ist, daß Sie zum Beispiel nicht über das Produkt sprechen – das gehört in die Fachphase –, bevor der Kunde Ihnen das entsprechende Vertrauen entgegengebracht hat.

Ebenso wichtig ist die Argumentationskette: Haben Sie zum Beispiel 5 Gründe, warum Ihr Produkt/Ihre Dienstleistung gekauft werden soll, so überlegen Sie sich vorher die Reihenfolge dieser 5 Argumente. Wenn 1 das stärkste Argument und 5 das schwächste sein sollte, so empfiehlt sich folgende Reihenfolge: 2 – 5 – 4 – 3 – 1. Also: Am Beginn und am Ende sollte ein möglichst starkes Argument stehen.

> **Das Erkennen der eigenen Fehler ist der wichtigste Schritt zu Ihrem Verkaufserfolg.**

Schluß
So finden Sie den Schluß nach dem Abschluß – 7 Schritte

1. Sie bedanken sich für den Auftrag.

Dank und Bestätigung

Sie gratulieren dem Kunden zu seiner Kaufentscheidung und bestätigen ihn damit gleichzeitig in seiner Entscheidung.

2. Sie versichern ihm einen Verkaufserfolg und/ oder ein Erfolgserlebnis.

Sicherheit ausstrahlen

Nichts kann Ihnen dienlicher sein als ein Erfolgserlebnis des Kunden beim Verkauf oder Einsatz Ihres Produktes. Bringen Sie Ihre Aussage („Ich versichere Ihnen einen Verkaufserfolg") unbedingt durch eine positive Körperhaltung und klare und deutliche Worte zum Ausdruck. Strahlen Sie Sicherheit aus.

3. Sie garantieren dem Kunden eine prompte Abwicklung.

Zuverlässige Abwicklung

Wenn Sie Ihrem Kunden einen guten Service und/oder eine entsprechend schnelle Abwicklung seines Auftrages versprechen, so zeigen Sie ihm, daß Ihnen auch nach dem Kaufabschluß seine Interessen am Herzen liegen.

4. Sie verteilen Lob und motivieren den Einkäufer.

Lob und Motivation

Nicht ausgesprochenes Lob ist vorenthaltener Lohn! Wann haben Sie zum letzten Mal nach dem Kaufabschluß „Streicheleinheiten" an den Kunden verteilt? Natürlich muß es sich um ein ehrliches Lob handeln, denn sonst erreichen Sie genau das Gegenteil und werden unglaubwürdig.

5. Sie bedanken sich für die Zeit.

Zeit ist Geld – auch für Ihren Kunden

So wertvoll wie Ihre Zeit ist auch die des Kunden! Deshalb betrachten Sie die Zeit, die er Ihnen zur Verfügung stellt, nicht als etwas Selbstverständliches. Wenn

Sie es geschickt anfangen, so ist der Kunde unter Umständen froh, wenn Sie ihm möglichst schnell helfen und er dadurch mehr Zeit für seine eigentlichen Aufgaben hat.

6. Sie sprechen eine Einladung aus.

Nach einem besonders erfolgreichen Abschluß kann es sich anbieten, wenn Sie Ihren Kunden einladen, z. B. zu einem Messebesuch oder einer Besichtigung Ihres Unternehmens. In der Praxis finden Sie sicherlich eine ganze Reihe von Möglichkeiten, was Sie Ihrem Kunden als Zusatzleistung offerieren können.

Zusatzleistungen anbieten

7. Sie bieten Verkaufshilfen an.

Verkaufsfördernde Maßnahmen werden von jedem Einkäufer gern gesehen. Wenn Sie als „Bonbon" zusätzliche Verkaufshilfen – vom persönlichen Einsatz über Prospekte bis hin zum Verkaufsständer – anbieten können, sind Sie bestimmt auch beim nächsten Mal ein gerngesehener Verkäufer.

Verkaufshilfen sind immer attraktiv

> **Der positive Schluß ist die Saat, die wir säen.**
> **Wir ernten beim nächsten Verkaufsgespräch.**

Telefonverkauf

So führen Sie erfolgreiche Telefongespräche –
ein 30-Punkte-Programm

Telefonverkauf

So führen Sie erfolgreiche Telefongespräche –
ein 30-Punkte-Programm

1. Bereiten Sie sich besonders gründlich vor.

Beachten Sie immer, daß Ihnen nur Ihre Stimme – also weder Gestik, Blickkontakt noch Prospektmaterial etc. – zur Verfügung steht. Auch die Zeit ist in der Regel begrenzter als in einem persönlichen Gespräch. Haben Sie Ihre Kundenkartei zur Hand?

Gründliche Vorbereitung

2. Überlegen Sie sich einen günstigen Anruftermin.

Kurz nach Bürobeginn und kurz vor Büroschluß sind zum Beispiel denkbar ungünstig. Versuchen Sie, akzeptable Anrufzeiten aufgrund Ihrer eigenen Praxis herauszufinden. Führen Sie Strichlisten, um besonders günstige Anrufzeiten zu erreichen.

Günstigen Zeitpunkt abpassen

3. Durchdenken Sie das gesamte Telefongespräch im vorhinein.

Trainieren Sie Ihre Gespräche vorab. Lassen Sie sich von einem Gesprächspartner kontrollieren. Stellen Sie sich auf alle Fragen ein, und üben Sie die Methoden der Einwand- und Preisargumentation.

Training führt zur Meisterschaft

4. Lächeln Sie, bevor Sie zum Hörer greifen.

Nur ein fröhlicher Mensch kann langfristig entsprechende Verkaufserfolge erzielen. Nicht umsonst lächeln in einem amerikanischen Kosmetikkonzern alle Telefonverkäufer in einen Spiegel, bevor sie zum Telefonhörer greifen!

Lächeln ist hörbar!

5. Prüfen Sie vorher noch einmal genau den Namen und etwaige Titel des Gesprächspartners.

Nichts klingt schöner als der Klang des eigenen Namens. Wenn Sie den Namen Ihres Kunden falsch aussprechen, können Sie bereits das erste Minus auf Ihrem Konto verbuchen.

Die richtige Ansprache

6. Begrüßen Sie den Kunden mit der entsprechenden Tageszeit.

Begrüßung entsprechend der Tageszeit

Viele Kunden legen (auch heute noch!) größten Wert auf Höflichkeit. Vergessen Sie deshalb – trotz des vorhandenen Zeitdrucks – nicht diese Anstandsregel. „Guten Morgen", „Guten Tag" oder eine andere passende Begrüßung sollten Sie immer auf den Lippen haben.

7. Stellen Sie sich vor.

Name und Position nennen

Nennen Sie Ihren Namen und Ihre Position. Lassen Sie Ihren Gesprächspartner nicht im Dunkeln, mit wem er es zu tun hat und in wen er seine teure Zeit investiert.

8. Schließen Sie sofort einen Nutzen für den Kunden an.

Interesse wecken

Mit dem Gesprächseinstieg wollen Sie beim Kunden Interesse wecken. Bieten Sie ihm also sofort eine auf seine Bedürfnisse abgestimmte Problemlösung an.

9. Geben Sie dem Partner jetzt die Chance zu antworten.

Den Kunden zu Wort kommen lassen

Nach fünf bis sieben Sätzen wird der Gesprächspartner unruhig, wenn er nicht mitreden darf. Lassen Sie ihm genügend Raum für seine Ausführungen.

10. Wählen Sie immer den Sie-Standpunkt.

Konzentration auf den Sie-Standpunkt

Der Kunde muß wissen, daß er im Vordergrund Ihrer Bemühungen steht. Nicht, was Sie als Verkäufer wollen noch was Ihr Unternehmen will, zählt, sondern allein die Interessen des Kunden sind das, worauf Sie sich konzentrieren sollten.

11. Sprechen Sie etwas tiefer.

Tiefere Stimme

Eine dunkle Stimme verleiht mehr Glaubwürdigkeit und wirkt vertrauensvoller als eine hohe oder dünne Stimmlage.

12. Vereinbaren Sie einen persönlichen Gesprächstermin.

Bei besonders hartnäckigen oder wichtigen Kunden versuchen Sie, einen Gesprächstermin zu erhalten.

Persönlicher Gesprächstermin

13. Setzen Sie die Fragetechnik ein.

Wählen Sie im Gegensatz zum persönlichen Verkaufsgespräch öfter die geschlossene Frageform. Beginnen Sie Ihre Frage also mit einem Verb: *„Stimmen Sie mit mir hier überein?"* oder *„Haben Sie noch Fragen?"* So schaffen Sie Übereinstimmung, ohne daß viel von Ihrer Zeit verlorengeht. Ausnahmsweise sind im Telefonverkauf auch rhetorische Fragen möglich: *„Nun, verehrter Kunde, was bietet Ihnen unser Produkt? Es verschafft Ihnen ..."*

Geschlossene und rhetorische Fragen

14. Kündigen Sie einen weiteren Anruf an.

Wenn Sie merken, daß es heute nicht klappt, so resignieren Sie nicht. Bevor es zum endgültigen „Nein" des Kunden kommt, sagen Sie ihm, er möchte es sich noch einmal überlegen. Wer sagt Ihnen denn, daß er seine Meinung nicht noch einmal überdenkt?

Zweiter Telefontermin

15. Kommen Sie zum Schluß, wenn die Zeit reif ist.

Stellen Sie durch Kontrollfragen fest, wieweit Sie die Kaufentscheidung schon beeinflussen konnten. Achten Sie besonders am Telefon darauf, daß ein möglicher Abschluß nicht zerredet wird.

Kontrollfragen

16. Danken Sie für das Gespräch und den Auftrag.

Betrachten Sie den Auftrag nicht als Selbstverständlichkeit, und zeigen Sie dies dem Kunden auch am Telefon. So ebnen Sie den Weg für Folgeaufträge.

Dem Kunden danken

17. Machen Sie sich nach dem Telefonat sofort Notizen.

Überlegen Sie sich, welche Schlüsse Sie daraus für das nächste Gespräch ziehen können.

Notizen machen

Wie Sie beim Telefonverkauf Kosten sparen können

18. Gründliche Vorbereitung

Vorbereitung 70% des Erfolges ist Vorbereitung. Achten Sie darauf, daß Sie alle Unterlagen „griffbereit" haben. Hierzu gehören Angebot, Notizpapier, Auftragsblock, Ablaufprotokoll, Preislisten und Prospektmaterial.

19. Direkter Kontakt

Durchwahl-nummern Kostensparend ist es, die entsprechende Durchwahlnummer zu Ihrem Verkaufspartner zu kennen. Finden Sie diese möglichst gleich bei Ihrem ersten Gespräch heraus. Überdies ist es zweckmäßig, auch die Telefonnummer der Sekretärin – und ihren Namen – zu kennen.

20. Störungen vermeiden

Ungestörtes Telefonieren Wenn Ihr Büro einem Taubenschlag gleicht, verschieben Sie Ihre Telefongespräche. Vermeiden Sie auch während des Telefongespräches Störungen in Ihrem Büro. Vielleicht können Sie „störungsfreie Zeiten" mit Kollegen und Mitarbeitern vereinbaren.

21. Vorab Unterlagen und Angebot versenden

Schriftliche Informationen vorab Nicht nur der Verkaufserfolg wird durch Schriftliches entschieden erhöht, auch die Telefonkosten können niedriger ausfallen.

22. Volle Konzentration

Konzentration und positives Denken Schalten Sie vor jedem Telefongespräch eine kurze Konzentrationsphase ein! Nutzen Sie diese kurze Zeitspanne besonders für das positive Denken: „Ich schaffe es!" Wer nachlässig und mit negativem Denken an den Telefonverkauf herangeht, dem wird es – wenn überhaupt – nur mit mehreren Telefonaten möglich sein, den Gesprächspartner zu überzeugen.

23. Kurze und präzise Einleitung

Halten Sie sich nicht zu lange mit dem Vorwort auf. Mit einem entsprechenden „Aufhänger" wecken Sie bei Ihrem Gesprächspartner das Interesse. Nur dann ist er bereit, Ihnen zuzuhören.

Schnell Interesse wecken

24. Richtiger Ansprechpartner

Manchmal werden hohe Telefonkosten dadurch verursacht, daß zu lange mit der falschen Person gesprochen wird. Finden Sie gleich zu Beginn des Telefonats heraus, ob Ihr Gegenüber für Sie zuständig ist.

Ansprechpartner

25. Beherrschung der Sprache

Bemühen Sie sich, sprachliche Marotten abzubauen. Verzichten Sie z. B. auf Modewörter wie „echt", „stark", „total" oder „super", und sprechen Sie klar und verständlich. Vermeiden Sie häufige Wiederholungen, und trainieren Sie Ihren Wortschatz.

Sprach-beherrschung

26. Telefon-Ablaufprotokoll einsetzen

Mit einem schriftlichen Ablaufprotokoll werden die wichtigen Punkte Ihres Verkaufsgesprächs unvergeßlich. Sie behalten Ihren roten Faden und können Ihre starken Verkaufsargumente ausspielen. Alle Ergebnisse des Gesprächs sollten in dem Protokoll notiert werden. Damit wird gleichzeitig Ihr Gedächtnis entlastet.

Überblick behalten

27. Einwand-Argumentations-Katalog entwickeln

In diesem Katalog können Sie die häufigsten Einwände auflisten und mit entsprechenden Antworten versehen. Nur zum Teil ist diese Liste Bestandteil des Ablaufprotokolls. Dort sind lediglich drei bis vier Einwände eingebaut. Sie sollten sich jedoch auf alle möglichen Einwände Ihres Kunden vorbereiten. Ein weiterer Vorteil des Einwand-Argumentations-Katalogs ist, daß Sie diesen zusammen mit dem Ablaufprotokoll an neue Mitarbeiter weitergeben können. Das spart Zeit und Kosten!

Vorbereitung auf Einwände

28. Abkürzungen verwenden

Schnelles Notieren Notizen entlasten nicht nur das Gedächtnis, sondern ersparen Ihnen auch manchen Rückruf. Sie erhöhen Ihre Schreibgeschwindigkeit, wenn Sie systematisierte Abkürzungen verwenden, z. B.:

- ■ „P" für Preis, „L" für Lieferung etc.
- ■ Die Zahl 1000 kann durch „1'" oder „10^3" gekennzeichnet werden.
- ■ Ein Telefongespräch mit Herrn Müller wird gekennzeichnet durch „∞ Müller", ein Fax durch „⅂Müller".

Dies sind nur einige Beispiele, die beliebig ergänzt und variiert werden können.

29. Zusammenfassungen

Zusammenfassung durch Kontrollfragen Fassen Sie zwischendurch bestimmte Abschnitte Ihres Gespräches immer wieder einmal kurz zusammen. Hierbei können Sie sehr gut die Kontrollfrage einsetzen: *„Stimmen Sie mit mir bis hierher überein?"* oder *„Haben Sie hierzu noch Fragen?"*

30. Abschlußsignale erkennen

4 Beispiele für Abschlußsignale Nur vier Beispiele für verbale Abschlußsignale mögen hier genannt sein:

- ■ Eindeutige Informationsfrage: *„Was kostet das?"*
- ■ Frage nach Details: *„Welchen Zahlungsmodus können Sie mir einräumen?"*
- ■ Zustimmende Feststellung: *„Das interessiert mich."*
- ■ Direkter Kaufwunsch: *„Wann können Sie liefern?"*

Umsatzeinbußen
So kommen Sie aus dem Tief –
7 kritische Fragen, die Sie weiterbringen

Umsatzeinbußen
So kommen Sie aus dem Tief –
7 kritische Fragen, die Sie weiterbringen

Jedem guten Außendienstmitarbeiter ist es schon so ergangen, daß er mit seinen monatlichen Ergebnissen nicht zufrieden war. Sollte sich diese negative Entwicklung über einen längeren Zeitraum hinziehen, neigen wir zu drei alternativen Denkmodellen:

3 gängige Denkmodelle

- Wir schieben es auf die allgemein schlechte konjunkturelle Entwicklung gerade in unserer Branche und warten erst einmal ab.

  Die Konjunktur

- Wir machen unser Unternehmen für die zu hohen Preise, die mangelhaften Werbemaßnahmen, die zu geringen Verkaufsförderungsmaßnahmen etc. verantwortlich und warten ab.

  Die Unternehmensführung

- Wir wechseln – gedanklich – schon die Firma oder den Beruf.

  Innere Kündigung

Doch gibt es wirklich nur diese drei Möglichkeiten? Sind Sie sicher, daß die konjunkturelle Entwicklung nicht auch in anderen Branchen stagniert? Leistet Ihr Unternehmen tatsächlich weniger als andere Unternehmen? Bevor Sie die dritte – und gleichzeitig risikoreichste – Möglichkeit eines Arbeitsplatzwechsels ins Auge fassen, sollten Sie nachfolgende Punkte überprüfen.

Welche weiteren Gründe können zu einem stetigen Umsatz-Minus geführt haben?

1. Haben Sie Ihre eigenen organisatorischen Schwachstellen geprüft?

Hat sich Ihre Tourenplanung der allgemeinen Entwicklung – und insbesondere den Wünschen der Kun-

Selbstorganisation

den – angepaßt? Bringen Sie schon beim ersten Kunden
Ihren vollen Einsatz, oder werden Sie erst im Laufe des
Vormittags langsam warm?

2. Kennen Sie Ihre persönlichen Schwachstellen?

Vorsicht Routine! Bringen Sie das nötige Engagement auf, um sich auf
jeden Kunden individuell einzustellen? Oder haben Sie
ein Standard-Verkaufsgespräch, das Sie vom notorischen
Einzelgänger bis zum schüchternen, sanftmütigen
Stammkunden immer gleich ablaufen lassen? Ruhen Sie
sich auf Ihren Lorbeeren aus? Wissen Sie – dank Ihrer
jahrelangen Berufserfahrung – alles besser als der
Kunde? Kennen Sie einen Außendienstmitarbeiter, der je
einen Streit mit einem Kunden gewonnen hat?

3. Wie ist die Zusammenarbeit mit dem Innendienst?

Ihre wichtigsten Überprüfen Sie sich einmal selbstkritisch, ob Sie hier in
Verbündeten letzter Zeit nicht zu viel verlangt haben! Ist Ihnen nicht
ab und zu ein hartes Wort gegenüber den Innendienst-
Mitarbeitern herausgerutscht? Die Mitarbeiter im
Innendienst sind Ihre wichtigsten Verbündeten. Wenn
die Zusammenarbeit mit Ihnen funktioniert, wirkt sich
das langfristig auch auf Ihre Verkaufserfolge aus.

4. Erschließen Sie neue Abnehmer für Ihr Produkt?

Kreative Sind Sie überhaupt noch kreativ und überlegen sich, wie
Neukunden- Sie neue Zielgruppen erschließen können? Haben Sie
akquisition jemals versucht, mit kreativen Methoden (Brainstorming,
Methode 635 oder noch besser: Morphologischer
Kasten, vgl. Seite 161) neue Märkte bzw. neue Kundengruppen zu erschließen? Fangen Sie noch heute
damit an. Es wurden schon viele schwierige Situationen
dank dieser Methoden gemeistert.

5. Setzen Sie Angebots-Schwerpunkte bei Ihren Kunden?

Maßgeschneiderte „Wer vieles bringt, wird jedem etwas bringen." – Mit
Angebote diesem Sprichwort können Sie heute kaum noch einen
Kunden hinter dem Schreibtisch hervorlocken oder zur

Kasse bringen. Sie müssen sich vorab gezielt überlegen, was Sie jedem einzelnen Kunden anbieten wollen. Zugegeben, das ist sehr schwierig und macht sehr viel Mühe. Doch wer eine Kuh melken will, muß sich bücken. Denn: Ohne persönlichen Einsatz kein Umsatz!

6. Ist Ihre Verkaufs-Argumentation zu verbessern?

Die fachliche Argumentation stimmt bei Ihnen. Dies muß vorausgesetzt werden. Viele alte Hasen sind jedoch so sehr von der „Qualität" ihrer Verkaufsargumentation überzeugt, daß sie keinen Rat mehr annehmen. Hier gilt:

Kontinuierliches Lernen

> **Erfahrung ist das Ende jeder Phantasie.**

„Ich habe dieses Verkaufsgespräch 20 Jahre mit großem Erfolg für mein Unternehmen so gehandhabt; warum soll es nicht 20 Jahre noch so weitergehen?" – Eine gefährliche These. Fast jede Verkaufs-Argumentation, jede persönliche Verkaufsrhetorik ist verbesserungswürdig. Und: „Bleiben Sie menschlich; denn Perfektion weckt Aggression."

7. Hat sich Ihre innere Einstellung zum Unternehmen oder zu den Produkten geändert?

Natürlich können auch private Probleme Ursache dafür sein, daß der berufliche Elan – und damit das gesetzte Umsatzziel – zurückgehen kann. Meist sind es jedoch dienstliche Querelen und Unstimmigkeiten, die den Verkäufer (unbewußt) veranlassen, eine negative Einstellung gegenüber dem eigenen Unternehmen und letztlich sogar gegenüber dem Kunden einzunehmen. Mit dieser Minus-Einstellung haben Sie jedoch von vornherein verloren! Wenn Sie nicht von Ihren Produkten begeistert sind, wie wollen Sie dann Ihre Kunden begeistern? Wer in seinem Kunden schon vor Beginn des Verkaufsgespräches einen Gegner sieht, der wird diesen tatsächlich auch vorfinden. Nur wer eine positive Einstellung zu allen Dingen des beruflichen wie auch des privaten Alltags hat, wird letztlich erfolgreich sein.

Positive Einstellung

Vorteile ansprechen

So verbinden Sie Angebot und Kundennutzen –
20 Variationen

Vorteile ansprechen
So verbinden Sie Angebot und Kundennutzen –
20 Variationen

Die Vorteilsansprache ist – neben dem Sie-Standpunkt (vgl. Seite 121) – eine Möglichkeit, um dem Kunden zu zeigen, daß seine Belange im Verkaufsgespräch an erster Stelle stehen.

Den Kunden in den Mittelpunkt stellen

Die Vorteilsansprache verknüpft logisch das Angebot des Verkäufers („Diese hervorragende Qualität") mit dem sich daraus ergebenden Nutzen für den Kunden („Marktführer"). Es handelt sich bei der Vorteilsansprache um ein Verb oder Hilfsverb, das mit einer persönlichen Ansprache des Kunden („Sie", „Ihnen") gekoppelt wird.

Je mehr Vorteilsansprachen Sie beherrschen, um so interessanter und fesselnder können Sie Ihr Verkaufsgespräch gestalten. Im folgenden geben wir Ihnen 20 Beispiele aus der Praxis:

20 Praxisbeispiele

Angebot	+ Vorteilsansprache	= Kundennutzen
„Diese hervorragende Qualität	*macht Sie*	*unschlagbar."*
„Diese hervorragende Qualität	*erhöht Ihren*	*Gewinn."*
„Diese hervorragende Qualität	*bedeutet für Sie*	*ein großes Maß an Sicherheit."*
„Diese hervorragende Qualität	*spricht für Ihren*	*guten Geschmack."*
„Diese hervorragende Qualität	*erspart Ihnen*	*Reklamationen."*
„Dieser Preis	*erweitert Ihren*	*Kundenkreis."*
„Dieser Preis	*erlaubt Ihnen*	*Sonderaktionen."*
„Dieser Preis	*garantiert Ihnen*	*Konkurrenzfähigkeit."*
„Dieser Preis	*führt Sie*	*zu einem größeren Kundenkreis."*
„Dieser Preis	*versetzt Sie in die Lage,*	*Marktführer zu werden."*

Sämtliche Angebote („Qualität", „Preis", „Werbung"), die Sie im Verkaufsgespräch unterbreiten, können Sie mit den genannten Vorteilsansprachen koppeln.

155

Widerstände
So gehen Sie mit Widerständen um –
12 mögliche Ursachen

Widerstände
So gehen Sie mit Widerständen um –
12 mögliche Ursachen

Wenn der Verkaufserfolg ausbleibt, können folgende Aspekte ausschlaggebend sein:

1. Der Zeitpunkt des Angebots
Insbesondere bei Neukunden sollten Sie nicht gleich nach dem ersten Anlauf den Mut verlieren. Viele – vom Verkäufer nicht zu beeinflussende – Umstände können dazu beitragen, daß zu diesem Zeitpunkt kein Verkaufserfolg zu erzielen ist. „Steter Tropfen höhlt den Stein" ist ein Motto, das sich jeder Verkäufer zu eigen machen sollte.

Steter Tropfen höhlt den Stein

2. Bequemlichkeit des Einkäufers
Wie oft haben Sie vielleicht schon gehört: „Das war bisher immer so. Warum sollten wir unsere Einkaufsgewohnheiten ändern; wir waren doch bisher sehr zufrieden." Hier sollten Sie überzeugende Kaufargumente vortragen und eine entsprechende Verkaufsrhetorik beherrschen. Dann wird der Erfolg nicht ausbleiben.

Widerstand gegen Neues

3. Das Produkt selbst
Wenn der Kunde kein Interesse an Ihrem Produkt hat, nützt auch die größte Überzeugungskraft – und der beste Kontakt zum Kunden – nichts, weil grundsätzlich kein Kaufinteresse besteht. In diesem Fall sollten Sie als Verkäufer rechtzeitig den Rückzug antreten. Lassen Sie einen genügend langen Zeitraum verstreichen, um noch einmal anzuklopfen.

Kein Interesse

4. Übersättigung
Hier gibt es weitgehende Übereinstimmung mit dem vorherigen Punkt. Auch wenn der Kunde noch entsprechende Lagervorräte hat, ist die beste Verkaufsrhetorik

Genügend Lagervorräte

wirkungslos. Es ist für jeden Außendienstmitarbeiter wichtig zu wissen, daß es solche Fälle gibt. Besuchen Sie diesen Kunden auf jeden Fall in absehbarer Zeit wieder. Prüfen Sie auch, ob das „volle Lager" auf Ihr angebotenes Sortiment zutrifft.

5. Bedenken wegen der Zuständigkeit

Zuständigkeit des Ansprechpartners

Ein Grund, der überraschend oft von Außendienstmitarbeitern genannt wird. Manche Einkäufer sind unsicher, ob sie über das von Ihnen gemachte Angebot selbständig entscheiden dürfen. Sehr oft spielt aber auch die Bequemlichkeit (siehe 2.) eine entscheidende Rolle.

6. Fehlende Fachkenntnisse des Verk_ufers

Selbstüberschätzung

Ein möglicher Grund, der in dieser Übersicht nicht fehlen darf. Viele Verkäufer überschätzen sich. Sie sind zum Teil schon so lange im Geschäft, daß sie meinen, alles besser zu wissen. Das ist eine große Gefahr im Verkaufsgespräch, denn Selbstüberschätzung wirkt sehr oft überheblich auf den Gesprächspartner.

7. Lieferzeit

Durch Vorteil ausgleichen

Hier muß seitens des Unternehmens alles getan werden, um etwaige Engpässe zu vermeiden. Es darf nicht nur kurzfristig gedacht werden, sondern jeder Kunde muß als Multiplikator für die Zukunft betrachtet werden. Umgekehrt dürfen natürlich keine Lieferzusagen gegeben werden, die nachher nicht eingehalten werden können. Lange Lieferzeit sollten Sie rhetorisch durch einen Vorteil ausgleichen, z. B.: „Trotz der großen Nachfrage werden wir bis zum ... liefern." – Wer kauft nicht gern erfolgreiche Produkte und wartet darauf einen etwas längeren Zeitraum?

8. Ruf, Image

Zum Positiven wenden

Ein negatives Image kann Ihrem Unternehmen erheblich schaden. Bestimmte festgefügte Meinungen zu durchbrechen, wird immer sehr schwer sein. Das Unternehmen muß alles tun, um ein solches festgefahrenes Bild zum Positiven zu wenden.

9. Falsche Anrede

Wie viele Verkäufer haben schon von vornherein verloren, weil sie den Einkäufer nicht mit dem entsprechenden Namen oder Titel angesprochen haben? – Ein leicht vermeidbarer Fauxpas!

Vermeidbarer Fauxpas

10. Beeinflussung des Einkäufers von dritter Seite

Hierzu gehört die persönliche Beziehung des Einkäufers zu etwaigen Mitbewerbern. Ferner die Werbung und die Verkaufsförderung des Wettbewerbs, die einen entscheidenden Einfluß auf die Kaufentscheidung nehmen können.

Vitamin B

11. Persönliche Antipathie

Sie können im Verkauf nur erfolgreich bestehen, wenn Sie den Einkäufer als Person für sich gewinnen. Sie werden – auch wenn Preis und Verkaufsargumentation stimmen – keine Chance haben, wenn der Einkäufer Sie persönlich ablehnt. Er wird unbewußt immer wieder Gründe finden, warum er gerade Ihr Produkt nicht akzeptieren kann. Hier liegt sehr oft der wichtigste Ansatzpunkt, um den Kaufwiderstand zu brechen. Auch Äußerlichkeiten wie ungepflegte Kleidung, Körpergeruch und schmutzige Fingernägel sind der erste – oder letzte – Schritt, um einen Kunden zu verlieren.

Sympathie aufbauen

12. Unsicheres oder zu lässiges Auftreten

Unvollständiges und geknicktes Prospektmaterial bzw. das Suchen in den Unterlagen tragen bestimmt nicht zum Verkaufserfolg bei. Zusätzlich führt dies zur Unsicherheit beim Verkäufer. Zu leises Sprechen und kein Blickkontakt zum Kunden deuten darauf hin, daß der Verkäufer von seinem Produkt nicht überzeugt ist. Aber auch allzu lässiges Auftreten mit übertriebener Sicherheit weckt Aggressionen beim Einkäufer.

Professionalität

XY ungelöst
So gehen Sie kreativ mit ungelösten Problemen um

XY ungelöst

So gehen Sie kreativ mit ungelösten Problemen um

Neue Zielgruppen angehen, neue Märkte erschließen, sich neue Kundengruppen überlegen – das sind Problemstellungen, mit denen sich jeder Verkäufer auseinandersetzen muß.

Von mehr als 40 weltweit bekannten Methoden zur kreativen Problemlösung stellen wir Ihnen 3 Techniken vor, die jeder Verkäufer kennen und beherrschen sollte.

4 Kreativitätstechniken

1. Brainstorming

Brainstorming ist die bekannteste und am häufigsten angewandte Kreativitätstechnik und läßt sich übersetzen mit „Gedankensturm". Die Teilnehmer lassen in entspannter Atmosphäre ihren Gedanken freien Lauf und erzeugen eine Vielzahl von Lösungsansätzen für ein beliebiges Problem. Voraussetzung für das Funktionieren eines Brainstormings ist die strikte Einhaltung folgender Regeln:

Brainstorming

■ Keine Kritik, keine Kommentare.
Während des Brainstormings wird weder kritisiert noch kommentiert – wie abwegig die genannten Ideen auch sein mögen. Kritik blockiert den kreativen Ideenfluß und sprengt damit die ganze Sitzung.

■ Quantität geht vor Qualität.
Je mehr Vorschläge genannt werden, um so eher gelangt man zu einer guten Problemlösung.

■ Keine Rangunterschiede.
Jeder Teilnehmer ist gleichberechtigt. Die protokollierten Ideen beinhalten keine Namen, es gibt keine Urheberrechte. Die Ideen entstehen oft als Assoziationsketten, an denen alle Teilnehmer beteiligt sind.

Die optimale Teilnehmerzahl liegt bei 4 bis 7 (maximal 12) Personen. Die Dauer eines Brainstormings variiert je nach Ideenfluß. Erfahrungsgemäß sollten 30 Minuten ausreichend sein. In geübten Gruppen sind meist die ersten 10 Minuten besonders produktiv.

Die Auswertung der protokollierten Ideen sollte etwa 1 bis 2 Tage nach der Sitzung vorgenommen werden. Überprüfen Sie die genannten Lösungsansätze auf ihre Realisierbarkeit hin. Sie werden erstaunt sein, zu welch kreativen Ergebnissen Sie kommen.

2. Morphologischer Kasten

Morphologischer Kasten

Der morphologische Kasten ist geeignet, bestehende Ideen zu verändern bzw. aus bekannten Problemelementen (Teillösungen) eine neue Gesamtlösung zu schaffen. Voraussetzung ist, daß den Teilnehmern eine exakte Definition des Problems vorliegt und sich das Problem in einzelne Elemente zerlegen läßt. Diese Komponenten müssen folgende Bedingungen erfüllen:

- Sie müssen voneinander unabhängig, also beliebig kombinierbar sein.
- Sie müssen unverzichtbare Bestandteile der Lösung sein.
- Sie sind charakteristische, spezifische Elemente des Problems.

Beispiel: Erschließung neuer Zielgruppen

Komponenten	Teillösung A	Teillösung B	Teillösung C	Teillösung D
Alter	20–30 J.	30–40 J.	40–50 J.	30–50 J.
Nettoeinkommen	unter 2000 DM	bis 2500 DM	bis 3500 DM	über 5000 DM
Beruf	Facharbeiter	öffentl. Dienst	selbständig	Akademiker
Freizeitorientierung	gering	mittel	hoch	sehr hoch
PLZ-Gebiet	3 und 6	0, 1 und 2	8 und 9	4 und 5

Die Teilnehmerzahl sollte auf 5 bis 10 Personen begrenzt sein. Anders als bei einem Brainstorming ist es wichtig, daß die Teilnehmer über profundes Fachwissen verfügen, auch wenn sie vom Rang her durchaus durchmischt sein können. Für eine Sitzung können Sie ca. 60 Minuten anberaumen, allerdings kann es notwendig sein, daß die Sitzung wiederholt wird und sich die Problemlösung so über einen längeren Zeitraum erstreckt. **Fachwissen ist Voraussetzung**

Die Auswertung kann sofort erfolgen, indem jede mögliche Kombination auf ihre Brauchbarkeit hin überprüft wird.

3. Methode 6-3-5
Eine Variation des Brainstormings, bei der innerhalb kürzester Zeit aus 36 ersten Lösungsvorschlägen 126 Ideen erzielt werden. Die Teilnehmerzahl ist hierbei auf 6 Personen festgelegt, denen zuvor die Fragestellung/das Problem mitgeteilt wurde. **Methode 6-3-5**

Jeder der 6 Teilnehmer schreibt auf einen Zettel oder eine Moderations- bzw. Karteikarte 6 Lösungsvorschläge zu der Problemstellung auf. Er hat dazu 5 Minuten Zeit. Danach werden die Karten untereinander ausgetauscht und jeder Teilnehmer schreibt auf die fremde Karte 3 weitere Lösungsvorschläge. Die Zettel werden so lange weitergereicht, bis jeder Teilnehmer jeweils 3 Ideen auf den Karten der anderen Teilnehmer notiert hat.

Für jeden Durchgang stehen strenggenommen 5 Minuten zu Verfügung. Es hat sich jedoch als praktikabler erwiesen, den zeitlichen Spielraum bei den letzten Durchgängen etwas zu verlängern (7 – 8 Minuten).

Anzumerken ist, daß die Verwendbarkeit dieser Methode – wie beim Brainstorming – von der Qualifikation des Auswertenden abhängt. Sehr viele Ideen werden doppelt genannt, und es ist – mit Absicht – ein gewisser Zeitdruck vorhanden.

▶ **Wichtig:**
Wir haben uns bewußt auf recht einfache und gängige Kreativtechniken beschränkt, die auch für Ungeübte leicht umsetzbar sind. Dennoch gilt: So einfach die Beschreibungen von kreativen Methoden auch klingen, so wenig sagt dies über die erfolgreiche Umsetzung aus. Kreativität ist Übungssache, und erst die Übung macht Sie zum wahren Meister und fördert erstaunliche Ergebnisse zutage.

Gehen Sie neue Wege – auch im Verkauf

Bei der Belagerung einer Burg waren Angreifer und Verteidiger gleichermaßen erschöpft. Vor allem fehlte es beiden Seiten an Nahrungsmitteln. In der Burg war fast alles aufgebraucht, und draußen brachten die Raubzüge keine Beute mehr.

Die Verteidiger machten Pläne, wie sie mit dem einzigen verbliebenen Ochsen und dem letzten Sack Mehl ausharren sollten. Doch wie sie es auch drehten und wendeten: Die Vorräte würden nicht ausreichen. Der Kampf schien verloren.

Als alle die Köpfe hängen ließen, meldete sich einer zu Wort und sagte:

„Laßt uns das Mehl zu Brot verbacken, den Ochsen braten und dann alles über die Mauer werfen. Dann werden unsere Belagerer glauben, wir hätten noch Vorrat im Überfluß."

Und so war es. Als die Angreifer die Schinken und Brote über die Mauer fliegen sahen, packten Sie demoralisiert ihre Sachen und zogen dorthin zurück, woher sie gekommen waren.

Zeit

So reagieren Sie auf Zeitmangel des Kunden –
11 + 1 Vorschläge

Zeit

**So reagieren Sie auf Zeitmangel des Kunden –
11 + 1 Vorschläge**

Der Kunde wiegelt Sie zum zweiten, vielleicht zum dritten Mal ab: „Tut mir leid, heute habe ich nun leider wirklich keine Zeit. Können Sie noch einmal wiederkommen?" Das passiert Ihnen womöglich sogar dann, wenn Sie vorher einen Termin vereinbart hatten. Er gibt Ihnen keine Chance, mit ihm zu sprechen. Was tun?

Vorschlag 1

Wie wäre es, wenn Sie Ihr Angebot – oder zumindest eine Kurzofferte – hinterlassen? Vielleicht haben Sie bisher zu oft und zu früh die „Flinte ins Korn geworfen". Durch ein schriftliches (Kurz-)Angebot bringen Sie sich zumindest nochmals ins Gedächtnis. Der Erinnnerungswert wird somit entschieden erhöht.

Kurzangebot hinterlassen

Vorschlag 2

Überprüfen Sie Ihr bisheriges Angebot und verbessern Sie es gegebenenfalls. Gehen Sie mit neuem Schwung an den Kunden. Dieses Mal wird es bestimmt klappen! Die eigene Motivation kann hier schon helfen und Berge versetzen.

Motivation und verbessertes Angebot

Vorschlag 3

Wählen Sie einen anderen Ort für Ihr Verkaufsgespräch. Wie wäre es mit einem gemeinsamen Mittagessen? Auch eine Einladung zur Betriebsbesichtigung kann einen potentiellen Kunden auf den richtigen Weg bringen.

Ortswechsel

Vorschlag 4

Machen Sie Ihren potentiellen Kunden neugierig! Wählen Sie einen neuen, anderen Einstieg für Ihr Verkaufsgespräch. Verkaufen heißt auch: es anders machen

Neugierde wecken

als andere! Beginnen Sie Ihr Verkaufsgespräch mit einer Frage, Demonstration, einem Ausruf oder einer Referenz. Diese 4 Einstiegsarten können Sie auch unterschiedlich verpacken.

Vorschlag 5

Konkreten Nutzen bieten

Versuchen Sie, sich nützlich zu machen. Können Sie Ihrem Kunden einen guten Tip geben oder ihm direkt zur Hand gehen? Diesen Vorschlag können Sie besonders gut im Einzel- und Großhandel umsetzen.

Vorschlag 6

Schlechtes Gewissen erzeugen

Nach mehreren erfolglosen Besuchen können Sie auch einmal versuchen, ein schlechtes Gewissen bei Ihrem Kunden zu erzeugen. Wie schaffen Sie das? Deuten Sie ihm durch Ihre Mimik und dezente Gestik an, daß Sie enttäuscht sind über den Verlauf der bisherigen Verkaufsverhandlungen. Sagen Sie jedoch nicht (sinngemäß): „Sie (Herr Kunde) machen etwas falsch ...", sondern: „Ich kommen mit Ihnen noch nicht klar, bitte helfen Sie mir ..."

Vorschlag 7

Starten Sie mit genügend Munition

Loben Sie den Kunden zu Beginn, und sprechen Sie ihn unbedingt mit Namen an. Nichts ist schöner für den Kunden als der Klang seines eigenen Namens. Zeigen Sie ihm schon zu Beginn des Verkaufsgespräches die Vorteile Ihres Produktes auf, und machen Sie ihm klar, welch gute Entscheidung er trifft, wenn er Ihr Produkt wählt. Geben Sie ihm gleich zu Beginn genügend „Munition", warum er Ihr Produkt kaufen soll.

Vorschlag 8

Auftreten und Kleidung prüfen

Haben Sie Ihr Äußeres überprüft? Könnte es sein, daß Ihr zu forsches Auftreten oder Ihre Kleidung nicht der Erwartungshaltung dieses Kunden entspricht? Jede übertriebene Bekleidung, aber auch das zu bescheidene Äußere kann bei Ihrem Kunden zu einer Abwehrreaktion führen. Stellen Sie sich selbst die Frage, inwieweit Sie Ihr

Auftreten und Äußeres in den letzten Wochen kritisch „unter die Lupe" genommen haben.

Vorschlag 9

Referenzen mobilisieren

Können Sie nicht andere für sich „mobilisieren"? Kennen Sie nicht jemanden aus Ihrem Kundenkreis, der Ihnen Hilfestellung geben und ein gutes Wort für Sie einlegen könnte? Eine Referenz ist ein hervorragender Einstieg für das Verkaufsgespräch. Voraussetzung ist natürlich, daß Ihr Neukunde die Referenz und die dahinterstehende Person akzeptiert oder gar besonders schätzt.

Vorschlag 10

Ansprechpartner wechseln

Wenn es bei diesem Gesprächspartner nicht klappt, so überlegen Sie, ob Sie nicht einen anderen Ansprechpartner wählen können. Wenden Sie sich entweder an die nächsthöhere Ebene, oder gehen Sie doch einmal eine Ebene „tiefer": Sprechen Sie auch einmal mit dem Stellvertreter des Einkäufers. Ist es wirklich ausgeschlossen, daß Sie bisher den falschen Ansprechpartner hatten?

Vorschlag 11

Offenbarungsmethode

Ein Tip, der sich in der Praxis schon vielfach bewährt hat, ist die Offenbarungsmethode. Fragen Sie den Kunden: *„Unter welchen Umständen würden Sie mir nochmals einen für Sie geeigneten Besuchstermin einräumen?"* Oder: *„Was muß ich tun, um einen Termin bei Ihnen zu erhalten?"* Diese ungewöhnlichen Formulierungen erzeugen einen Überraschungseffekt und führen oft dazu, daß der Kunde einlenkt: *„Na, dann lassen Sie uns mal darüber sprechen."*

Vorschlag 11 + 1

Dieser Vorschlag wird nicht umsonst zum Schluß genannt, denn er sollte nur als letzte Möglichkeit genutzt werden. Voraussetzung ist, daß Sie die Vorschläge 1 bis 11 gründlich geprüft haben und keinen

Ansatzpunkt für ein weiteres Gespräch sehen. Stellen Sie dann Ihre Bemühungen bezüglich dieses Kunden ein, und investieren Sie Ihre Zeit in einen anderen Kunden.

Achten Sie jedoch auf ein positives Ende der Beziehung, und lassen Sie sich nicht zu irgendwelchen Negativ-Äußerungen hinreißen! Denn:

> **Wer nicht gut genug ist, mir zu nützen,**
> **ist doch gut genug, um mir zu schaden.**

JÜNGER GABAL Audio-Selbstlernprogramme

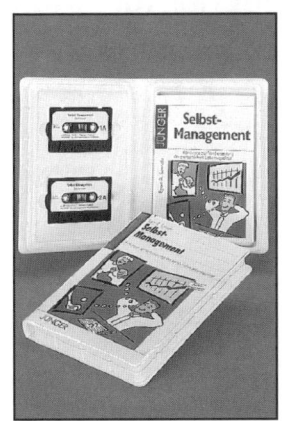

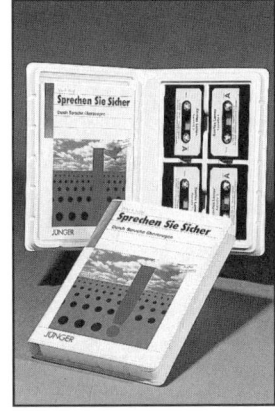

Vera F. Birkenbihl
Stroh im Kopf
Anleitung fürs Gehirn - vom
"Gehirn-Besitzer" zum
"Gehirn-Benutzer"
3 Tonkassetten,
ISBN 3-923984-66-9
DM 98,-/öS 715/sFR 91,-

Egon R. Sawizki
Selbst-Management
Konzepte zur Verbesserung der
persönlichen Lebensqualität
2 Tonkassetten, Arbeitsbuch
ISBN 3-89467-265-X
DM 79,-/öS 577/sFR 74,-

Peter R. Heigl
Sprechen Sie sicher
Rhetorikkurs, um Gespräche,
Reden und Vorträge sicher und
ausdrucksvoll zu führen
4 Tonkassetten, Arbeitsbuch
ISBN 3-89467-127-0
DM 98,-/öS 715/sFR 91,-

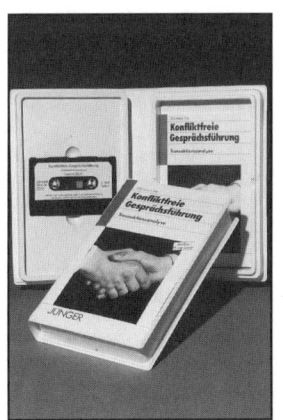

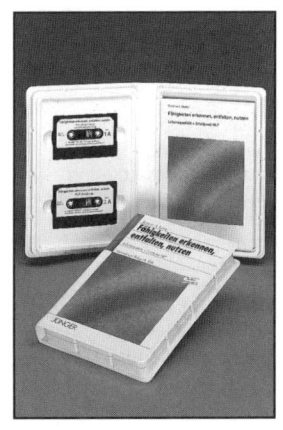

Herbert Namokel
Die moderierte
Besprechung
Arbeitstechniken und
Methoden zur Steuerung und
Führung von Besprechungen
1 Tonkassette, Arbeitsbuch
ISBN 3-89467-271-4
DM 59,-/öS 431/sFR 56,-

Winfried Erb
Konfliktfreie
Gesprächsführung
Konflikte auf konstruktive
Weise lösen
1 Tonkassette, Arbeitsheft
ISBN 3-927225-13-4
DM 39,-/öS 285/sFR 38,-

Susanne Köster
Fähigkeiten erkennnen,
entfalten, nutzen
Lebensqualität + Erfolg
mit NLP
2 Tonkassetten, Arbeitsbuch
ISBN 3-89467-217-X
DM 79,-/öS 577/sFR 74,-

Für weitere Titel fordern Sie bitte unseren kostenlosen Gesamtkatalog an:
JÜNGER VERLAG, Tel. 0 69/84 00 03-0 oder in Ihrer Buchhandlung.

 **Business-Bücher für Erfolg und Karriere**

| Marketing & Verkauf | Kommunikation & Rhetorik | Lebenshilfe |

Peter Kerger
Werben mit Konzept Teil 1–3
Fachwissen, Tips, Checklisten
je ca. 150 Seiten, A5, Hardcover,
mit vielen Abbildungen, Praxis-
beispielen
DM 29,80/öS 218/sFR 29,80
Teil 1: ISBN 3-930799-38-3
Teil 2: ISBN 3-930799-42-1
Teil 3: ISBN 3-930799-49-9

Kerstin Friedrich
Empfehlungsmarketing
Empfehlenswerte Leistungen
schaffen, Weiter-
empfehlungen auslösen,
Beziehungsnetzwerke
aufbauen
176 Seiten, A5, Hardcover,
mit Illustrationen
DM 29,80/öS 218/sFR 29,80
ISBN 3-930799-41-3

Peter Ebeling
Beraten und verkaufen
Neue Praxisgeschichten,
bessere Kundenpflege,
leseleicht: 5-Minuten-Methode
128 Seiten, A5, Hardcover,
mit Grafiken und Illustrationen
DM 29,80/öS 218/sFR 29,80
ISBN 3-930799-27-8

Harald Scheerer
Reden müßte man können
Selbstbewußt auftreten,
Persönlichkeit einsetzen,
Zuhörer begeistern
136 Seiten, A5, Hardcover,
mit Illustrationen
DM 24,80/öS 181/sFR 24,80
ISBN 3-923984-38-3

Michael J. Gelb
Sich selbst präsentieren
Mit Mind-Mapping und
Alexander-Technik
168 Seiten, A5, Hardcover,
mit Abbildungen und Übungen
DM 29,80/öS 218/sFR 29,80
ISBN 3-930799-07-3

Bertold Ulsamer,
Claus Blickhan
NLP für Einsteiger
Einstieg in das Neuro-
Linguistische Programmieren
80 Seiten, A5, Hardcover,
mit Illustrationen
DM 24,80/öS 181/sFR 24,80
ISBN 3-923984-47-2

Nikolaus B. Enkelmann
**Erfolgsprinzipien der
Optimisten**
Wünschen - Planen -
Wagen - Siegen
180 Seiten, A5, Hardcover, mit
zahlreichen Übungen, inkl. Audio
DM 34,80/öS 254/sFR 33,80
ISBN 3-930799-51-0

Walter Simon
Rede nicht, handle!
Ziele setzen, Ziele erreichen
176 Seiten, A5, Hardcover,
mit Illustrationen und
Arbeitsblättern
DM 29,80/öS 218/sFR 29,80
ISBN 3-930799-36-7

Lothar J. Seiwert,
Friedbert Gay
Das 1 x 1 der Persönlichkeit
Sich und andere besser
verstehen, beruflich und privat
das Beste erreichen, das
DISG-Persönlichkeitsmodell
anwenden
144 Seiten, A5, Hardcover
4-farbig, mit Abbildungen
DM 29,80/öS 218/sFR 29,80
ISBN 3-930799-32-4

**Für weitere Titel fordern Sie bitte unseren kostenlosen Gesamtkatalog an:
GABAL VERLAG, Tel. 0 69/84 00 03-0 oder in Ihrer Buchhandlung.**

 **Business-Bücher für Erfolg und Karriere**

Arbeitstechniken	Management

Lothar J. Seiwert
Das neue 1 x 1 des Zeitmanagement
Zeit im Griff, Ziele in Balance,
Erfolg mit Methode
120 Seiten, A5, Hardcover,
4-farbig, mit Zeichnungen
und Fotos
DM 29,80/öS 218/sFR 29,80
ISBN 3-923984-89-8

Mogens Kirckhoff
Mind Mapping
Einführung in eine kreative
Arbeitsmethode
120 Seiten, 265 x 200 mm
4-farbig, Hardcover
DM 36,00/öS 263/sFR 35,00
ISBN 3-923984-91-X

Jacques Boy, Christian
Dudek, Sabine Kuschel
Projektmanagement
Grundlagen, Methoden und
Techniken, Zusammenhänge
160 Seiten, A5, Hardcover
mit Illustrationen und Grafik
inkl. 1 Diskette (für PC
und Mac geeignet)
DM 39,80/öS 291/sFR 38,80
ISBN 3-930799-01-4

Josef W. Seifert
**Visualisieren Präsentieren
Moderieren**
176 Seiten, A5, Hardcover,
zahlreiche Illustrationen
DM 29,80/öS 218/sFR 29,80
ISBN 3-930799-00-6

Vera F. Birkenbihl
Stroh im Kopf?
Gebrauchsanleitung fürs Ge-
hirn - vom "Gehirn-Besitzer"
zum "Gehirn-Benutzer"
180 Seiten, A5, Hardcover,
mit zahlreichen Abbildungen
DM 29,80/öS 218/sFR 29,80
ISBN 3-923984-99-5
**Bestseller: 31. Auflage
Über 250.000 Exemplare!**

Lothar J. Seiwert
Das ABC der Arbeitsfreude
Techniken, Tips und Tricks
für Vielbeschäftigte
80 Seiten, A5, Hardcover,
mit zahlreichen Abbildungen
DM 24,80/öS 181/sFR 24,80
ISBN 3-923984-43-X

Günter Ederer
Lothar J. Seiwert
**Das Märchen vom
König Kunde**
Service in Deutschland –
Wüste oder Oase?
Das Strategie-Buch für
kundenorientierte Unternehmen
288 Seiten, A5, Hardcover,
2-farbig, mit zahlreichen
Illustrationen und Grafiken
DM 29,80/öS 218/sFR 29,80
ISBN 3-930799-47-2

Heinrich Reinke-Dieter
Fordern und Fördern
Als Führungskraft Balance
halten
176 Seiten, A5, Hardcover,
mit Übungen, Checklisten,
Selbsttest
DM 29,80/öS 218/sFR 29,80
ISBN 3-930799-23-5

Walter Simon
**Die neue Qualität der
Qualität**
Grundlagen für den TQM-
und KAIZEN-Erfolg
288 Seiten, A5, Hardcover,
Arbeitshandbuch mit Checklisten
DM 39,80/öS 291/sFR 39,80
ISBN 3-930799-22-7

**Für weitere Titel fordern Sie bitte unseren kostenlosen Gesamtkatalog an:
GABAL VERLAG, Tel. 0 69/84 00 03-0 oder in Ihrer Buchhandlung.**